습관은 반드시 실천할 때 만들어집니다.

결국엔, 콘텐츠

어느 예능PD의 K콘텐츠 도전기

고찬수 지음

좋은습관연구소

좋은 콘텐츠를 만든다는 것

수많은 채널에서 수없이 쏟아지는 콘텐츠들이 있지요. 소비자에게 사랑받는 콘텐츠는 끊임없이 변화합니다. 콘텐츠 제작자들은 정확하게 예측할 수 없는 소비자들의 마음을 얻기 위해 무한경쟁을 하고 있습니다. 게다가 '새로운 인류'라고 불리는 Z세대나 알파세대의 출현으로, 기존의 콘텐츠 문법이나 제작 방식은 빠르게 변화를 강요받고 있습니다.

하지만 세상이 빠르게 바뀌고 변혁의 시대가 도래했다고 해도, 여전히 소비자에게 사랑받는 좋은 콘텐츠의 본질은 흔들리지 않는 것 같습니다. 사랑받고 팔리는 콘텐츠에는 이유가 있는 것이지요. 이 책에서 저는 그 비밀을 스무 가지로 정리해보았습니다.

20년 넘게 방송 콘텐츠 제작 현장에서 일해 온 경험을 바탕으로, 소비자의 마음을 사로잡는 콘텐츠는 무엇인가에 대해 생각해보았습니다. 제가 제작한 프로그램 이외에도 개인적으로 주목해야 한다고 생각하는 콘텐츠 제작 사례들을 분석하여, 그 답을 찾아보고자 했습니다. 답은 언제나 현장에 있기 마련이니까요. 물론 이 정리는 순전히 개인적 체험에 바탕을 두고 있다는 점도 함께 말씀드려야 할 것 같습니다.

미리 결론을 살짝 얘기하자면, 좋은 콘텐츠는 콘텐츠를 만드는 사람들의 프로 정신과 태도, 그리고 이를 하나로 규합해내는 콘텐츠 제작자의 역할에서 나옵니다. 그리고 여기에 하나 더 보태자면, 남보다 반 발짝 앞서서 미래를 읽고 준비하는 노력에서 출발합니다.

좋은 콘텐츠를 만드는 기본은 결국 '사람'입니다. 콘텐츠는 '사람들의 이야기를 담아내는 그릇'이므로, 그릇의 아름다움도 중요하지만 그 안에 담긴 사람 이야기가 콘텐츠의 핵심이라 하겠습니다. 이런 이유로 콘텐츠 제작자에게 사람에 대한 이해는 필수적이라고 할 수 있습니다. 세상을 살아가는 사람들에 대한 이해가 콘텐츠 제작자의 기본 소양인 것이지요. 좋은 콘텐츠는 사람의 이야기를 공감할 수 있도록 담아내는 콘텐츠 기획자의 마음에서부터 만들어집니다.

그리고 또 하나, 사람은 끊임없이 변합니다. 우리가 부모님 세대와 좋아하는 것과 즐기는 것이 다르듯이, 앞으로 미래 세대는 지금의 우리와 또 다를 것입니다. 그래서 사람의 이야기를 담는 콘텐츠 제작 기술도 여기에 맞춰 끊임없이 진화하고 있습니다. 변화하는 사람에 맞게 콘텐츠 제작 방식이나 기술도 함께 발전해 가는 것입니다.

이처럼 '사람'과 '변화'라는 두 가지 대전제를 바탕으로 저는 이 책에서 좋은 콘텐츠의 비밀은 무엇이고, 뉴미디어 시대에도 변하지 않는 콘텐츠 제작의 원칙은 무엇인지 그리고 미래를 준비하는 콘텐츠 기획자로서 무엇을 새롭게 시도해야 하는지 등에 관해 이야기했습니다.

방송 콘텐츠를 만드는 PD나 작은 기업에서 홍보·광고 영상을 만드는 콘텐츠 제작자 그리고 1인 크리에이터를 꿈꾸는 분들이 이 책을 통해서 좋은 콘텐츠가 만들어지는 과정에 대해서 다시 한번 점검해볼 수 있으면 합니다. 제작 환경이나 프로세스는 저마다 다르겠지만, 무엇에 사람들이 열광하는지는 동일하다고 생각합니다.

거대 미디어 그룹들이 플랫폼 전쟁을 치르고 있는 사이, 좋은 콘텐츠의 가치는 점점 더 높아지고 있습니다. K콘텐츠의 선전은 이제 누구나 다 아는 이야기입니다. 시대가 변하고 사람이 바뀌어도, 결국에는 좋은 콘텐츠가 답이라는 사실은 변함이 없는 듯합니다. 저의 이야기를 통해 많은 분들이 제가 했던 실수를 반복하지 않고, 성공적인 콘텐츠 제작을 계속 이어갔으면 합니다. 감사합니다.

차례

1

낯선 만남을 즐기기

콘텐츠 기획을 위한 첫 번째 단계는 열린 마음으로 세상을 바라보고, 새로운 사람과 낯선 환경에 자신을 던져보는 모험을 감행하는 것입니다.

제가 KBS에 예능 PD로 입사한 지 벌써 20년이 더 지났네요. 세월이 참 빨리 흘렀구나 하는 생각과 함께 만들었던 프로그램들을 헤아려보니, 정말 오랜 시간 방송 프로그램 제작 일을 해온 것이 실감 납니다.

방송국 입사 후, 제가 처음 맡은 프로그램은 〈연예가중계〉

였습니다. 지금은 예능 프로그램의 시청률이 대부분 한 자릿수이지만, 당시에는 어느 정도 인지도가 있는 예능 프로그램의 시청률이 10% 이상이었고, 인기 있는 프로그램들은 20%를 넘기도 했습니다. 〈연예가중계〉는 그 당시 상당한 인기와 영향력이 있었고, 제 기억으로 25% 정도의 평균 시청률을 기록했던 듯합니다. 운이 좋게도 처음 맡은 프로그램부터 PD의 자긍심을 느낄 수 있어서였는지 신이 나서 열심히 일했던 것 같네요.

〈연예가중계〉를 시작으로 〈토요일 전원 출발〉, 〈슈퍼TV 일요일은 즐거워〉 등 주말 버라이어티 프로그램으로 자리를 옮겨 시청률 경쟁이 치열했던 주말 황금 시간대 프로그램 연출로 고생도 좀 했습니다. 주말 버라이어티 프로그램 제작은 그때나 지금이나 예능의 중심이라는 자부심도 있지만, 거의 매일 계속되는 회의, 촬영, 편집 작업으로 잠 못 자는 고난이 함께합니다. 이후 〈한국이 보인다〉, 〈보고 싶다, 친구야〉, 〈사랑의 리퀘스트〉 같은 의미 있는 공익형 예능 프로그램과 시트콤 〈선녀가 필요해〉, 〈사랑과 전쟁〉 같은 드라마 형태의 프로그램 제작도 경험했습니다. 그러고 보니 20여 년 동안 참 다양한 프로그램을 만들어보았네요.

그리고 호기심이 많아서인지 웹드라마, MCN 등 TV용 콘텐츠가 아닌 새로운 분야에 도전하고, 한국PD연합회에서 활동하는 등 다양한 일들도 시도해보았고요. 지금은 〈박원숙의 같이 삽시다〉 시즌 3의 PD로서 다시 제작 현장으로 돌아와 콘텐츠에 대해 고민하고 있습니다.

20여 년의 경험을 바탕으로 생각해보니 콘텐츠를 제작한다는 것은 언제나 새로운 '만남'의 연속이었습니다. 방송 프로그램은 출연자와 스텝 등 많은 사람들과의 만남을 통해 제작이 이루어집니다. 새로운 프로그램을 제작한다는 것은 새로운 사람들을 만나고, 새로운 환경에서 새로운 시청자들에게 새로운 콘텐츠를 제공하는 것이지요.

제가 입사했던 시기의 방송사는 6개월에 한 번씩 정기 개편을 했습니다. 아주 중요한 연례행사 중 하나였는데요. 개편 때마다 새로운 프로그램을 경험하게 되는 것은 아니었지만 평균적으로 2년이면 다른 프로그램에 배치가 되었습니다. 그래서 새로운 사람, 낯선 환경과의 만남을 대략 2년에 한 번씩은 경험하게 되는 것이 당시 방송 제작하는 곳의 풍경이었습니다.

사실 이렇게 자주 프로그램을 바꾸는 것이 효율적인가 하는 것은 반론이 있을 수 있습니다. 그런데도 방송사들이 PD에게 개편을 통해 새로운 프로그램을 기획하고, 새로운 환경을 부여하는 것은 나름의 이유가 있습니다. 콘텐츠가 같은 패턴으로 반복되면 소비자들에게 식상함을 주기 때문이지요. 이러한 이유로 같은 프로그램이라도 일정 주기로 새로운 접근이 필요하고, 그러기 위해서 프로그램의 최고 책임자인 PD를 교체하여 새로운 변화를 시도합니다.

기존 방송은 새 PD를 만나면서 새로운 화학 반응을 일으키며 멋진 작품으로 다시 탄생합니다. 이처럼 새로운 사람, 새로운 환경과 같은 낯선 만남은 PD에게 새로운 영감을 주는 변화의 시작이며, 새로운 아이디어를 창발하는 기반이 됩니다. 저 역시 프로그램을 옮겨 갈 때마다 새로운 만남에서 신선한 자극을 받고 더 좋은 콘텐츠를 기획할 수 있는 아이디어를 얻곤 했습니다.

〈전국노래자랑〉은 제가 조연출 때 경험한 프로그램입니다. 지금까지 30여 년 넘게 시청자에게 큰 사랑을 받고 있지만, 마치 세월을 비껴간 것처럼 변화와는 전혀 관련 없어 보이는 이 프로그램에도 최근 새로운 현상들이 나타나고 있습니다. 바로 유튜브와의 만남인데요.

〈전국노래자랑〉은 이미 〈1020 전국노래자랑〉이라는 제목으로 매년 특집을 제작하고 있습니다. 프로그램에 참여하는 끼 많고 노래 잘하는 10대나 20대가 점점 많아지는 것을 보고 기획된 것이죠. 게다가 최근에는 유튜브의 〈전국노래자랑〉의 방송 장면들을 10대들도 즐겨 시청하고 댓글을 다는 것을 볼 수 있습니다. 〈전국노래자랑〉이 새로운 시청 층을 가질 수 있다는 가능성을 발견한 것인데요. 노년층 프로그램이라는 인식을 벗고 새로운 전성기를 만들어낼 수 있게 된 것입니다. 〈전국노래자랑〉이라는 다소 올드한 이미지의 프로그램도 유튜브라는 '낯선 만남'을 통해서 멋진 콘텐츠가 될 수 있는 잠재력을 보여주었습니다. 〈전국노래자랑〉을 유튜브와 어떻게 더욱 긴밀하게 연결할 것인지는 이 프로그램을 연출하는 PD들의 숙제가 되었습니다.

최근 들어, 〈미스 트롯〉이나 〈미스터 트롯〉의 예상치 못한 큰 성공과 인기는 트롯의 재발견을 넘어 트롯 전성시대를 만들어내는 기현상을 일으키고 있습니다. 이 프로그램은 〈전국노래자랑〉과 〈스타킹〉 그리고 〈슈퍼스타K〉가 묘하게 합쳐진 형식을 띠고 있습니다. 프로그램들의 묘한 조합으로 시청자들에게 사랑을 받은, '낡은 것 같은 최신의' 콘텐츠라고 할 수 있습니다.

〈스타킹〉은 강호동이 진행자였던 SBS의 대표적인 오락 프로그램이었습니다. IMF 위기로 방송사들이 기존의 제작 관행을 바꿔야 했던 상황에서, 제작비를 절감하는 형식의 프로그램으로 변화를 시도하던 시기에 가장 성공한 형식이라 하겠습니다. 기존의 야외 촬영 버라이어티와 비교하여 '스튜디오 버라이어티'라고 불리는 프로그램들의 대표 주자 격입니다.

스튜디오 버라이어티 프로그램이라는 형식이 나타나기 이전의 스튜디오 프로그램들은 녹화 시간이 2~3시간 정도(방송 시간 1시간 기준)를 넘지 않았습니다. 그에 반해 야외 버라이어티는 보통 촬영 시간이 10시간 이상이었지요. 이런 촬영 시간의 차이는 편집에도 영향을 미치게 되어 야외 촬영 버라이어티 프로그램의 편집 시간은 2~3일 정도가 소요되었습니다. 편집에만 며칠 밤을 꼬박 보내야 했지요. 야외 버라이어티 프로그램은 노동 강도가 엄청납니다. 그래서 버라이어티

한 프로그램의 연출 담당 PD는 보통 5명에서 10명 정도입니다. 그 정도의 인력이 있어야 매주 방송되는 프로그램을 제작할 수 있습니다. 이렇게 많은 인력과 시간이 필요한 야외 촬영 버라이어티 형식을 스튜디오 프로그램에 적용한 것이 〈스타킹〉 같은 스튜디오 버라이어티입니다. 스튜디오에서 촬영되지만, 녹화 시간이 야외 촬영 프로그램처럼 긴 것이지요.

특별한 장기를 가진 일반인과 스타 게스트가 함께 출연한 〈스타킹〉은 방송 시간의 6배에서 10배 정도 분량을 녹화해서, 이 중에 재미있는 부분만 편집해 1시간짜리 프로그램을 만들어 시청자들에게 보여주었습니다. 스튜디오라는 한정된 장소에서 촬영이 진행되기 때문에 야외 촬영보다 제작비가 절감됩니다. 그러면서 야외 촬영처럼 방송 시간의 몇 배를 녹화해서 이 중 재미있는 부분만 방송하므로 더 알찬 내용으로 제작이 가능합니다. 이렇게 기존의 야외 프로그램과 스튜디오 프로그램의 장점을 결합한 형식의 프로그램들이 시청률 면에서도 성공하게 되자, IMF 이후의 예능 프로그램은 이런 형식이 주류가 되었습니다. 〈스타킹〉, 〈스펀지〉, 〈동거동락〉 등의 프로그램이 당시 큰 인기를 누렸죠.

특히 〈스타킹〉 프로그램의 제작진은 일반인을 출연시키

면서 어떻게 해야 가장 재미있게 방송으로 보일 수 있는지에 대한 노하우를 많이 축적하게 되었습니다. 이들은 결국 트롯과 낯선 만남을 시도하게 되고, 이런 노하우가 〈미스 트롯〉이나 〈미스터 트롯〉에 활용되면서 시청자들이 즐겁게 볼 수 있는 프로그램이 탄생한 것이지요. 〈미스 트롯〉과 〈미스터 트롯〉의 PD와 작가가 바로 과거 〈스타킹〉의 제작진이었고, 이들은 자신들이 성공시킨 프로그램 제작 노하우를 새로운 장르인 트롯 경연대회에 적용해서 낯설고 독특한 형식을 창조한 것입니다.

저는 방송사 입사 후, 촬영이나 섭외 건으로 여러 분야의 많은 사람을 만나왔습니다. 그런 과정에서 깨달은 것이 있다면 언제나 새로운 만남으로부터 새로운 생각과 아이디어가 만들어진다는 것입니다. 그래서 콘텐츠를 기획하고 제작하는 PD 일을 하고 있지만, 일부러 IT 분야 고수들과의 만남을 많이 가졌습니다. 방송과 전혀 다른 환경에 있는 IT 분야 고수들과 가진 낯선 만남은 저에게 폭넓은 영감과 색다른 비전을 만들어주었습니다. IT 기술을 좀 아는 그래서 조금은 독특한 PD라는, 지금 제가 가진 이미지는 그렇게 생긴 것입니다.

저의 첫 책인 『쇼피디의 미래방송이야기』는 IT 분야와 방송이 만나는 지점이라고 할 수 있었던 IPTV에 대한 생각을 예능 PD의 입장에서 적은 책입니다. 개인 블로그에 올렸던 글들을 모아 살을 붙인 책이기에 부족한 부분이 많았지만, 그래도 예능 PD가 이런 책을 출간한 것에 주변 분들이 아주 놀라워했고 감사하게도 많은 관심과 격려를 받기도 했습니다.

첫 번째 책이 출간되자, 두 번째 책을 쓸 기회는 쉽게 찾아왔습니다. '21세기북스'라는 이름 있는 출판사에서 제 블로그 글들을 보고 출간 의뢰를 했습니다. 때마침 '스마트 TV'에 대한 책을 구상 중이었던 터라, 2011년에 두 번째 책인 『스마트 TV 혁명』을 출간할 수 있었습니다. 제가 스마트 TV에 대해 글을 써야겠다고 생각한 당시에는 아직 스마트 TV 개념이 제대로 사용되기 전이었습니다. 당시 자주 참석하던 IT 모임에서 이런저런 이야기들을 주고받다가 누군가 스마트폰 이후의 세상에 대해 이야기를 하였고, 다른 한 명이 스쳐 지나듯 '스마트 TV'라는 용어를 사용했습니다. 저는 그 말에 꽂혀서 관련 자료를 열심히 찾아보기 시작했고 이것들을 정리하고 있던 시기였는데, 마침 책을 출판하자는 의뢰가 들어와서 쉽게 출간으로 이어질 수 있었던 거죠. 낯선 모임 자리에서 우연히

'스마트 TV'라는 단어를 듣지 않았다면 저의 두 번째 책은 나올 수 없었을 것입니다.

그리고 2018년 6월에는 세 번째 책 『인공지능 콘텐츠 혁명』을 출간하였습니다. 이 역시도 '낯선 만남'을 주저하지 않은 끝에 만들어진 결과물이라 할 수 있습니다. 그 당시만 해도 '인공지능'이라는 용어와 '콘텐츠'라는 말이 어울릴 것 같지 않다는 생각이 지배적이었지만, 저는 이 낯선 만남이 미래 콘텐츠의 방향이라고 확신했습니다. 공교롭게도 책이 출간된 시점에 〈전국노래자랑〉 연출을 하게 되어, 인공지능 관련 강연 때마다 강사 소개를 〈전국노래자랑〉 PD로 해야 했는데요. 〈전국노래자랑〉 PD가 인공지능에 대해 강연하는 상황을 흥미롭긴 하지만 못 미더워하시기도 했던 것 같았습니다. 하지만 저는 〈전국노래자랑〉과 인공지능이라는 전혀 어울리지 않을 것 같은 단어가 만나 가까운 미래에 생각지 못한 새로운 콘텐츠를 탄생시킬 것이라 확신하고 있습니다.

'낯선 만남'은 기회의 시간

저는 낯선 만남을 어떤 결과가 나올지 알 수 없는 마술사의 마법 상자와 같은 기회의 시간이라고 생각합니다. 그래서 누구를 만나든지 항상 소중하게 만남의 시간을 가지려고 하고, 최대한 상대방의 장점을 찾으려고 노력합니다. 당장은 이 만남으로 인해 아무런 일이 일어나지 않더라도 10년, 20년 후에는 어떤 인연으로 발전할 수 있을지 알 수 없기 때문에 소중하지 않은 만남은 없다고 늘 생각하고 있습니다.

좋은 만남을 위해서는 적극적인 노력이 필요합니다. 기회를 만들어주는 새로운 만남은 사람 대 사람과의 만남뿐 아니라 책이나 영상으로도 가능합니다. 그래서 저는 매주 한 번은 서점에 가서 낯선 만남을 기대하며 새로 나온 책들을 찾아봅니다. 그리고 지난주에 보았던 책도 또다시 들춰보곤 합니다. 책을 읽는 매 순간 저의 기분이 다르고, 주변 환경도 때마다 다르기에 지난주에는 아무 영감을 주지 않은 책이 오늘은 전혀 다른 감흥을 주기도 합니다. 사람이든 책이든 영상이든 모든 만남은 편견 없이 마음을 열고 적극적인 자세로 대해야 합니다. 이렇게 노력해야 낯선 만남에서 새로운 창작의 아이디어가 시작됩니다.

콘텐츠 기획을 하는 사람은 낯섦을 즐겨야 합니다. '낯설다'라는 것은 단지 '새롭다'는 것과는 다릅니다. 낯섦은 오래 전부터 알고 있던 것에서도 느낄 수 있기 때문이죠. 오래된 고전을 어느 날 다시 읽으면서 전에 읽었던 것과는 다른 느낌이 든다면 그건 바로 낯선 만남을 경험하는 순간입니다. 최근의 레트로 열풍도 저는 옛것에서 발견한 낯선 만남이라고 생각합니다.

2

공상과 트렌드의 만남

좋은 콘텐츠를 만들기 위해서는 멋진 기획안이 필요합니다. 그러나 현실에 바탕을 두지 않은 기획안은 성공할 수 없습니다. 현실에 바탕을 두기 위해선 명확한 트렌드 분석이 필수입니다. 시장에서 선택될 수 있는 작품을 만드는 일이 콘텐츠 제작자의 숙명이기 때문입니다.

'공상(空想)'이라는 명사는 사전에 이렇게 정의되어 있습니다. 현실적이지 못하거나 실현될 가망이 없는 것을 막연히 그리어 봄. 또는 그런 생각. 하지만 저는 공상을 쓸데없는 생각이 아닌 새로운 아이디어를 만들어내는 창작의 원천이라고 생각합니다. 공상할 때는 제가 본 것과 들은 것을 섞어서 생각해보기도 하고, 평소에 생각하던 것과 걸으며 우연히 보게 된 것을 결합하여 전혀 새로운 생각을 만들어내기도 합니다. 전혀 다른 두 개의 생각이 만나서 생겨나는 충돌과 이것에서 파생되는 생경함이 바로 창작을 위한 최고의 재료입니다. 새로운 콘텐츠를 기획하는 모든 시작에는 공상이 함께합니다. 엉뚱한 아이디어들이 난무하는 회의를 통해 새로운 프로그램이 그 모습을 나타내게 되니까요.

콘텐츠 기획 회의에 참석하는 PD와 작가들은 각자의 독특한 세상을 자신의 머릿속에 가지고 있습니다. 그들의 다른 생각이 한자리에서 부딪치는 순간, 세상에 없는 공상을 하게 되고 이런 시간을 통해 세상에 없던 아이디어가 탄생합니다. 공상이라는 과정을 통해 만들어진 기획안이 실제 영상이 되어 시청자들에게 인정받게 되는 순간이 PD로서 가장 소중한 선물을 받는 순간입니다.

〈AI 음악프로젝트, 다시 한번〉은 콘텐츠와는 전혀 관련이 없어 보였던 인공지능 기술을 아주 멋지게 활용해서 재미와 함께 감동을 준 프로그램입니다. 인공지능 기술을 활용하여 고인이 된 가수를 눈앞에 재현하겠다는 공상 같은 기획으로 만들어진 멋진 콘텐츠로, 1화의 주인공은 2000년대 초반 인기를 누렸던 '거북이'라는 그룹의 리더 '터틀맨'이었습니다.

쉽고 경쾌한 댄스 음악에 밝고 긍정적인 내용의 가사로 큰 사랑을 받은 남녀 혼성그룹 거북이의 리더이자 프로듀서 터틀맨. 여러 히트곡 중 특히 '비행기'라는 노래는 흥겨운 멜로디와 귀엽고 밝은 노랫말로 큰 사랑을 받았죠. 그런데 젊은 그가 갑자기 세상을 떠났고 추억으로만 기억할 수 있는 안타까운 스타가 되었습니다. 이런 그의 목소리를 인공지능 기술로 재현하고, 새로운 노래를 부르도록 학습시켰습니다. 이 과정을 거쳐 그가 생전에 부르지 않은 최근 곡을 터틀맨의 목소리로 직접 부른 것처럼 창조해낼 수 있었던 것입니다. 그리고 그의 생전 모습을 바탕으로 새로운 노래에 맞춰 춤을 추도록 하는 것도 가능했습니다.

인공지능으로 재현된 그의 모습을 보기 위해 온라인에서는 그의 팬들과 매니저가 지켜보고 있었고, 공연 무대가 실제로 펼쳐지는 스튜디오 안에서는 터틀맨의 어머니와 형이 앉아 그의 모습을 기다렸습니다. 마술처럼 그가 무대에 나타나 활동하던 예전 그때의 모습 그대로 춤추고 노래를 부르자, 믿지 못할 광경을 바라보던 관객들은 어느새 눈물을 흘리고 있었습니다. TV로 지켜보던 저도 눈시울이 붉어지더군요. 고인이 된 스타를 다시 한번 보고 싶다는 공상이 인공지능 기술과 만나 실현되는 순간, 프로그램을 기획한 PD는 무어라 형용하기 어려운 기분을 느꼈을 것입니다.

제가 연출했던 버라이어티 프로그램 중 대중적으로 가장 사랑받은 〈보고 싶다, 친구야〉는 아이디어가 시작된 배경이 특이합니다. '이경규'라는 진행자에게 맞는 새로운 콘텐츠를 고민해야 하는 숙제가 저에게 떨어졌습니다. 당시 이경규 씨는 '양심 냉장고'의 엄청난 성공으로 대중들에게 선한 이미지가 구축되어 있었고, 본인도 이러한 이미지를 해치지 않는 선에서 새로운 코너에 참여하기를 원했습니다.

프로그램의 모든 PD와 작가 그리고 진행자 이경규 씨도 함께 마라톤 회의를 하게 되었는데, 수없이 많은 엉뚱한 공상들이 쏟아져 나왔으나 그 어떤 것도 만족스럽지 못해 회의는 점점 길어졌습니다. 모두가 지쳐 아무 말이나 막 던지는 단계까지 되어버렸을 때, 한 작가가 농담 삼아 '섭외 쇼'라는 아이디어를 이야기했고 모두 대수롭지 않게 맞장구를 쳤습니다. '섭외 쇼'는 진행자가 혼자 스튜디오에 앉아 당대 최고의 스타를 섭외하겠다고 하고, 무작정 섭외 전화를 해서 전화 통화하는 내용을 방송하는 정말이지 엉뚱한 아이디어였습니다. 스튜디오에서 기다려 그 스타가 나오면 대박이고, 나올까 안 나올까를 긴장감 있게 이야기하며 진행하면 재미있지 않겠느냐는 엉뚱한 공상이었지요. 모두 그 아이디어를 듣고는 그저 웃고 지나가버렸는데, 이야기를 듣고 난 후 화장실에 다녀온 이경규 씨의 입에서 섭외 쇼가 변형되어 발전한 형태인 〈보고 싶다, 친구야〉의 아이디어가 나왔습니다. 한밤중에 친구를 술자리로 불러내는 게임을 프로그램화하자는 것이었지요. '섭외 쇼'라는 엉뚱한 아이디어에 '친구'라는 낯설지만 따뜻한 개념을 더한 것입니다. 스타를 무작정 불러내자는 장난기 섞인 엉뚱한 공상이 '친구'라는 새롭고 따뜻한 요소와 만나면서 회의 참석자 모두에게 좋은 아이디어로 인정을 받았습니다.

당시에는 작위적인 예능보다는 현실적인 이야기를 다룬 예능들이 막 인기를 얻던 시기였고, 이경규라는 진행자가 '양심 냉장고'에서 보여준 진행 능력을 잘 발휘할 수 있는 형식이라 판단해 〈보고싶다, 친구야〉는 바로 제작에 들어가게 되었습니다. 제게는 그동안 그 누구도 해보지 않은 새로운 형식의 프로그램이라는 점에서 많이 끌리는 부분이 있었습니다. 개인의 사생활 공개로 거부감이 들 수 있는 부분이 있었지만, 친구 사이의 우애를 사적인 전화 통화 내용을 통해 전달할 수 있었기에 시청자는 물론 출연한 스타들도 거부감 없이 받아들여 방송 직후부터 큰 사랑을 받았습니다.

공상과 트렌드가 만나 더 단단해지다

콘텐츠를 제작하는 PD나 작가들은 자기 생각들을 마구 섞어서 새로운 것을 만들어내는 '공상'의 시간을 마음껏 가질 자유가 있습니다. 어쩌면 '공상'의 과정은 자유라기보다는 콘텐츠 기획자에게는 의무에 가깝기도 한데요. 현실 세계에서 영상화할 수 있는 좋은 아이디어가 만들어질 때까지 모두가 자신의 머릿속 공상을 계속 이야기해야 합니다. 그 과정에서 다른 회의 참여자들의 공상도 귀담아들어야 하고요. 이 과정은 재미있기도 하지만 모두가 공감하는 결과물이 나오지 않으면 며칠 동안 계속되는 마라톤 회의로 육체적으로나 정신적으로 힘든 과정이기도 합니다.

'공상'의 과정이 콘텐츠 기획의 시작점이라 하더라도 자유분방한 아이디어들이 하나로 정리되기 위해서는 시청자들이 무엇을 원하는가에 대한 회의 참여자들의 공감대가 있어야 합니다. 현실에 바탕을 두지 않는 기획안은 시장에서 성공할 수 없기 때문에 새로운 아이디어만큼이나 중요한 것이 바로 콘텐츠 소비자들의 트렌드입니다.

새로운 방송 프로그램을 기획할 때 대부분의 콘텐츠 기획자들은 관련 자료들을 찾아 분석하고 거기서 공통된 요소를 뽑아내는 과정을 거칩니다. 조금 더 체계적인 트렌드 분석 틀을 사용하기도 하고, '감'에 의존하여 판단하기도 하지만, 기본적으로 모든 콘텐츠 기획자들은 자신이 제작하고자 하는 분야와 관련된 다양한 정보들을 찾아서 공부합니다. 저 역시 다른 PD들처럼 다양한 관련 프로그램을 모니터하고 정보를 모아서 트렌드 분석을 합니다.

최근에는 회사 차원에서도 이러한 트렌드 분석의 중요성이 강조되면서 아예 담당 부서를 두어 PD들이 필요로 하는 자료를 모아서 제공해주기도 합니다. 물론 여전히 옛날 방식으로 관련 자료를 스스로 모으거나 작가를 통해서 분석된 자료를 받는 선배 그룹들도 존재합니다. 두 개의 방식 중 어느 것이 더 좋은 결과를 낸다고 단언하기는 어렵지만 모든 콘텐츠 기획에 트렌드 분석이 필수적인 것은 분명합니다. 모든 분야가 그렇겠지만, 시장에서 선택을 받아야 하는 대중문화 산업에 종사하는 콘텐츠 기획자들에게 트렌드 분석은 숙명입니다.

방송 초창기에는 기술적인 문제로 인해 대부분의 프로그램을 생방송으로 진행했습니다. 편집하는 데에 추가의 시간과 장비가 필요했기 때문이죠. 이러한 이유로 그 시절의 트렌드는 주로 스튜디오 프로그램이었습니다. 그러다가 ENG(Electronic New Gathering)라 불리는 야외 촬영용 카메라가 등장한 이후에는 다양한 장소에서 촬영한 영상들이 선보이기 시작했습니다. 초기의 방송 시장은 방송사가 독점적인 지위에 있었기 때문에 시청자들의 트렌드 분석에 의한 콘텐츠 기획보다는 공급자인 방송사의 독자적인 판단에 의해 좌우되는 경우가 많았습니다. 그러다 이후 콘텐츠 공급자가 많아지고, 경쟁의 시대가 오면서 시청자에 대한 트렌드 분석이 필요하게 되었지요.

예능 프로그램은 시청자의 취향 변화에 따라 다양한 트렌드를 만들어내며 발전해 왔습니다. 1980년대까지는 스튜디오에서 토크나 노래를 주로 하는 〈영 일레븐〉, 〈젊음의 행진〉, 〈쇼2000〉 같은 음악 프로그램이 주를 이루었다가, ENG 카메라가 예능 프로그램에 본격적으로 사용되면서 스튜디오와 ENG 촬영 편집 코너가 함께 방송되는 〈슈퍼선데이〉, 〈일요일 일요일 밤에〉 같은 대형 스타 위주의 버라이어티 프로그램이 큰 성공을 거두게 됩니다.

주로 지상파 방송사들의 경쟁을 중심으로 예능 프로그램이 발전하다가 큰 변화를 맞게 된 것은 tvN이라는 예능 전문 케이블 PP(Program Provider)가 오디션 프로그램을 크게 성공시키면서부터입니다. 〈슈퍼스타K〉라는 전대미문의 성공을 거둔 오디션 프로그램의 등장으로 이후 대부분의 방송사가 비슷한 프로그램을 만드는 트렌드를 형성하게 됩니다. 이후 환경과 웰빙에 대한 관심이 높아진 새로운 시청자들의 등장으로 〈삼시세끼〉 같은 요리 프로그램이 트렌드로 등장하기도 했습니다.

트렌드 분석의 목적이 성공한 콘텐츠를 그대로 답습하고자 하는 것은 물론 아닙니다. 트렌드에 바탕을 두고 새로운 프로그램 기획을 하되 콘텐츠 소비자에게 낯선 느낌을 줄 수 있는 변형된 아이디어를 찾는 작업입니다. 제가 최근 유행하는 프로그램을 모니터하면서 동시에, 10년 전에 히트했던 예능 프로그램을 다시 찾아보고, 유튜브 등 온라인 플랫폼에서 인기를 끌고 있는 디지털 콘텐츠들도 공부하는 이유도 바로 이 때문입니다.

3

의외성을 찾고 관찰하는 태도

프로그램 제작에서 출연자의 중요성은 점점 높아지고 있습니다. 프로그램의 얼굴이 누가 되느냐는 방송 초기 마케팅에 중요 요소로 작용합니다. 출연자로부터 새로운 의외성을 끄집어낼 때 방송의 재미는 더욱 커집니다.

콘텐츠를 제작하는 단계로 들어가면 생각지도 못한 여러 가지 일들이 생깁니다. 기획과 구성을 아무리 철저하게 해도 실제로 발생할 수 있는 모든 상황에 대비할 수는 없으니까요. 출연자에게 촬영 당일 문제가 생기는 일은 자주 있는 상황이고, 심지어 촬영 전날 연출자가 교체되는 경우도 발생합니다. 그러다 보니 제작 과정의 정석이라고 이야기되는 과정들이 실제로는 생략되는 경우가 자주 일어납니다. 이처럼 급작스러운 변화에 잘 대응하는 임기응변이 PD에게는 상당히 중요한 자질입니다. 촬영 현장에서 갑자기 일어나는 일들을 어떻게 잘 해결하느냐가 콘텐츠의 질을 좌우하는 중요한 요소로 작용하기 때문이죠.

그렇다고 구성안을 세밀하게 만들 이유가 없다고 생각하고 회의론에 빠지면 오히려 더 큰 문제를 일으키게 됩니다. 구성안은 세밀하게 짤수록 다양한 변수를 점검해볼 수 있는 과정이 됩니다. 특히 구성안의 내용 중 출연자에 대한 부분은 그 중요도가 점점 더 높아지고 있는데, 그 이유는 제작되는 콘텐츠에 대한 시청자들의 호감도가 출연자에 의해서 미리 결정되는 경향이 커지고 있기 때문입니다. PD들은 초기 단계인 구성에서부터 출연자에 대한 내용에 가장 많이 신경을 쓰고, 1안부터 보통 3안 내지 4안까지 출연자 후보 목록을 만들어 두고 사전에 작가들과 시뮬레이션을 해봅니다.

콘텐츠 기획에 있어서 출연자의 중요성은 아무리 강조해도 지나치지 않습니다. 요즘은 아이디어 단계에서부터 출연자를 정해 놓고 프로그램 기획을 고민하는 경우도 많습니다.

KBS 예능국에서 함께 근무하다가 tvN으로 자리를 옮겨, 지금은 최고의 예능PD로 인정받고 있는 나영석 PD, 그가 후배 PD와 함께 만들었다는 〈알쓸신잡〉이라는 프로그램도 특정 출연자의 섭외를 전제로 기획되었습니다. 나영석 PD에게 후배 PD가 버라이어티 예능보다는 토크쇼 형식의 프로그램을 하고자 제안을 했을 때, 그는 처음에는 반대했다고 합니다. 하지만 후배의 뜻이 워낙 강했고 소신이 확실했기 때문에 반신반의한 상태로 준비를 하게 됐다고 하는데요. 그러면서 나영석 PD는 '유시민'이라는 당시 큰 인기를 누리던 출연자의 섭외를 프로그램 제작의 조건으로 제시했다고 합니다. 그 이유는 이런 형식의 콘텐츠가 시청자에게 관심을 받기가 쉽지 않다고 판단했기 때문이죠. 많은 관심을 받는 유명인을 출연시켜 방송 초반 시청자들의 호감도를 높이는 전략이 필요하다고 믿었던 것입니다. 이런 전략으로 프로그램은 시청자들의 기호를 맞추는 데 성공했고, 그 뒤로 유사한 프로그램들이 많이 생기기도 했습니다. 콘텐츠 제작에 있어 출연자에 대한 고려가 얼마나 중요한지를 알 수 있는 좋은 예라고 할 수 있겠습니다.

　사실 교양 프로그램 형식의 토크 콘텐츠가 이렇게까지 사랑받을 거라고는 예상하기 쉽지 않았을 것입니다. 연예인이 거의 출연하지 않고, 전문가들이 전면에 나와 문화 이야기를 하는 프로그램을 예능 프로그램처럼 성공시키는 것은 쉬운 도전이 아니었을 텐데요. 나영석 PD 본인이 이야기한 것처럼 아마도 후배의 고집스러운 주장이 없었더라면 시도하지 않았을 프로그램이었을 겁니다. 어쨌든 자신의 생각과 다른 후배의 의견을 잘 포용하여, 자신의 스타일과 접점을 만들고 여기에 아주 적합한 출연자를 섭외해 큰 성공을 만들어낸 나영석 PD의 유연성이 대단하다고 생각합니다. 당시 예능 콘텐츠의 트렌드가 '힐링'과 '요리' 그리고 '여행' 등의 소재를 다소 템포가 느린 다큐멘터리 형식으로 다루는 것이었어서, 이런 토크 형식의 프로그램도 콘텐츠의 내용과 형식에 맞는 유명인이 출연한다면 큰 부담 없이 편안하게 시청자들에게 다가갈 수 있으리라는 생각이 적중한 결과라고 하겠습니다.

　기획안 구성을 위해 밤새워 회의하는 것과 비교해본다면,

구성안과 어울리는 출연진의 사진을 책상에 나열해두고 이들의 조합을 시뮬레이션해보는 과정은 그래도 즐거운 시간입니다. 이 단계에서는 콘텐츠가 상당히 구체적으로 그려집니다.그리고 예능 프로그램에 출연하는 연예인들은 인기에 따라 뿜어내는 기(氣)가 있습니다. 그런 '기'를 뿜는 사람들과의 작업은 사람을 '업'시키는 힘이 있는데, 사진을 보고 상상을 하는 것만으로도 구성안 회의로 진이 빠져버린 작가와 PD들에게 생기를 불어넣어주기도 합니다.

인기 콘텐츠를 볼 때는 의외성을 찾고 관찰하는 것이 중요합니다. 최근 넷플릭스 오리지널 영화로 제작된 〈차인표〉를 보면서 저는 옛 기억이 떠올랐습니다. 배우 차인표 씨가 이 영화에서 보여주고 있는 연기가 제가 제작했던 시트콤 〈선녀가 필요해〉와 많은 점에서 유사성을 가지고 있었기 때문입니다. 제가 10년 전에 제작한 이 시트콤에서도 영화 〈차인표〉처럼, '차인표'라는 인물의 대중적인 이미지를 코미디에 적극적으로 반영하여 웃음 포인트로 활용했습니다. 그리고 이런 이미지 파괴에 차인표 본인이 너무나 적극적으로 참여했다는 점에서 두 작품은 닮았습니다.

시트콤 〈선녀가 필요해〉는 남자 주인공 차인표 씨가 보여 준 의외의 연기 변신으로 방송 초반 좋은 반응을 얻었습니다. 차인표란 배우는 데뷔 때부터 여성들에게 이상형에 가까운 멋진 남자 이미지로 사랑을 받았고, 그 이후에도 아주 진지한 캐릭터로 사람들에게 각인이 돼 있었기 때문에, 그의 시트콤 도전은 당시 크게 관심을 끌 만한 뉴스였습니다. 차인표 씨 역시 자신이 가진 또 다른 모습을 시청자에게 적극적으로 보여 주고 싶어 했고요. 심지어 자신이 연기할 캐릭터에 대한 대본을 직접 써서 제작진에게 보내주거나, 직접 찍은 재미있는 영상과 아이디어를 제공하기도 했습니다. 저는 이 시트콤이 초반에 시청자들로부터 좋은 반응을 얻었던 상당 부분의 공은 차인표 씨의 적극적인 참여에 있었다고 생각합니다. 보내준 대본에 대해 그는 스토리 작가 같은 상당한 실력을 보여주었고, 몇몇 아이디어들은 너무 재미있어서 대본에 쓰이기도 했습니다. 그는 시청자가 가지고 있는 본인의 이미지를 잘 이해하고 있었고, 시청자들이 좋아할 의외성을 가진 캐릭터를 창작해내는 재주도 가지고 있었습니다.

차인표 씨 외에도 당시 이 시트콤에 제가 히든카드로 등장시킨 출연자가 한 명 더 있는데, 바로 '엠블랙'이라는 남자 아이돌 그룹의 멤버 '이준'이었습니다. 시트콤의 중반부터 등장했지만, 꽤 높은 비중으로 극을 주도하게끔 하였죠. 엠블랙의 이준 씨는 제가 꽤 오래전부터 눈여겨보고 있던 친구였습니다. 다른 예능 프로그램과 드라마에 등장해서 보여준 그의 4차원 캐릭터는 시트콤에 필요한 부분을 채워줄 거라 생각했었죠. 그리고 그가 가끔 선보이는 섬세한 감정 표현을 보면서 여성 시청자에게 사랑받는 연하남의 이미지도 가지고 있다고 판단했습니다. 그가 가지고 있는 이러한 의외성이 시트콤에서 연기로 잘 표현되면 시청자에게 새로운 모습으로 다가가서 사랑받을 수 있을 거라 예상했습니다. 물론 이준 씨는 제가 생각한 이미지를 잘 표현했고, 이후 연기자로 드라마와 영화에서 성공적인 모습을 보여주었습니다.

서바이벌 오디션 프로그램 〈싱어게인〉이 진행자로 '이승기'를 선택한 것을 두고 일부 시청자들은 잘못된 섭외라는 의견을 보였습니다. 그동안의 서바이벌 오디션들은 '악마의 편집'이라는 말을 들을 정도로 냉정하고 잔인함을 과감하게 보여주는 것이 일반적이었는데요. 그러다 보니 진행자들도 긴장감을 극대화하는 역할을 하거나 탈락하는 참가자들 사이에서 냉정함을 유지하는 모습을 보여야 했습니다. 누가 승자가 될 것인가 하는 긴장감을 극대화하기 위해 답답할 정도로 질질 끄는 진행도 서바이벌 오디션 프로그램 진행의 공식처럼 되어버렸지요. 그런데 이승기 씨의 이미지는 아무래도 이런 것과는 어울리지 않는다는 의견들이 있었던 것입니다.

하지만 이런 의외의 이미지를 가진 진행자를 섭외한 프로그램은 바로 그 의외성으로 기존 오디션 프로그램들과의 차별성을 보여주며 시청자들의 호감을 얻었습니다. 한 번의 실패를 맛본 참가자들이 경쟁하는 〈싱어게인〉은 기존의 오디션들과는 다른 감성적인 터치가 필요했고, 이런 점에서 이승기 씨는 아주 훌륭한 진행자로서의 모습을 보여주었습니다. 매끄러운 진행과 함께 따뜻하고 솔직한 감정을 드러내는 그의 모습에서 이 프로그램의 다른 감성이 확실하게 느껴진 것입니다.

이 프로그램은 알려지지 않은 실력자나 짧은 기간 성공했으나 지금은 잊혀진 가수에게 대중 앞에 다시 설 기회를 주는 색다른 콘셉트의 오디션 프로그램입니다. 기존 오디션 프로그램들과는 다른 감성이 필요했고 이런 이유로 진행자와 심사위원들을 섭외하는 기준이 달라질 수밖에 없었던 것이지요. 냉정하게 심사를 하는 것보다 참가자들에게 위로와 격려를 해줄 따뜻한 이미지의 출연자들이 필요했던 프로그램이었던 것입니다.

의외성을 발견하고 이를 캐릭터로

이것은 콘텐츠 기획자가 가져야 할 필수 능력입니다. 이런 안목은 사물을 깊숙이 관찰하는 습관을 통해서 만들어집니다. 저의 경우 특정 콘텐츠를 볼 때 그 스토리나 주요 등장인물이 보여주고자 하는 모습, 그 뒤에 감춰진 것들을 찾아보려고 노력합니다. 특정 출연자의 연기나 행동을 보면서 그 사람이 다른 환경에서는 어떻게 보일 수 있을지를 주의 깊게 관찰하고 기록해둡니다. 즉, 콘텐츠를 단순히 즐기고 소비하는 것에 그치는 것이 아니라, 드러나지 않은 캐릭터의 새로운 면이나 의외성을 찾으려는 마음으로 방송을 보는 것이지요.

콘텐츠 기획자라면 항상 새로운 것을 찾아내려는 자세를 갖추고 있어야 합니다. 의외성을 발견하고 이를 콘텐츠 기획에 적극적으로 활용하는 것은 성공적인 콘텐츠를 만드는 중요한 습관이 될 수 있습니다.

4

준비된 사람에게만 오는 기회

'방송 프로그램'과 '인터넷(모바일 포함) 콘텐츠'를 서로 다른 분야로 분류하던 콘텐츠 업계가 이제는 하나로 통합되어 가고 있습니다. 과거 영상 콘텐츠를 독점하던 방송사들이 인터넷의 등장으로 IT 분야와 통합의 길로 들어섰고, 이제는 방송과 IT라는 서로 너무나 달랐던 두 개의 분야가 하나가 되어가고 있습니다.

〈스브스뉴스〉의 '문명특급'을 진행하고 있는 '재재'는 '연반인(연예인 반, 일반인 반)'이라는 신조어를 유행시키며 기존에 없던 새로운 길을 만들어가고 있습니다. 기존의 미디어가 가지고 있던 스타 탄생 공식을 해체하며 성공 신화를 스스로 만들어 가고 있는 그녀의 모습은 큰 상징성을 가지고 있다고 하겠습니다.

2015년 SBS에 인턴으로 처음 입사했을 때, 그녀는 〈스브스뉴스〉에서 카드 뉴스를 제작하는 평범한 인턴사원이었다고 합니다. 그러다가 〈스브스뉴스〉의 몇몇 영상에 출연한 것을 계기로 점차 인지도를 쌓기 시작하더니, 2017년 같은 인턴이었던 움과 '해피아가리'라는 별도의 유튜브 채널을 만들어 인기를 얻게 됩니다. 그리고 2018년 SBS 정직원이 되면서 〈스브스뉴스〉 내 '문명특급'이라는 단독 코너를 만들어 성공시키며 연반인이라는 유행어를 만들어냈습니다. 특히 '숨듣명(숨어 듣는 명곡)' 코너의 인기로 채널이 급성장하면서 '웹재석(인터넷 유재석)'으로까지 불리게 되었는데요. 게스트의 약점을 건드리거나 공격하지 않는 진행으로 좋은 평가를 받는 그녀는 전문 방송 진행자들과는 다른 방식으로 콘텐츠 소비자들의 지지를 받고 있습니다.

그녀는 독특한 자신만의 진행 철학을 가지고 있다고 합니다. "첫째는 게스트에게 결혼과 연애에 관해 질문하지 않는다. 둘째는 가수에게 춤과 노래를 시켰다가 망설이는 기색이 있으면 절대 강요하지 않는다. (춤은 진행자인 본인이 더 열심히 추고 있습니다.) 셋째는 애교를 강요하지 않는다"라고 하는데요. 이런 새로운 세대의 진행 철학을 가진 그녀에게 젊은 콘텐츠 소비자들이 지지를 보내면서, 그녀는 이제 엄연한 스타의 반열에 올랐습니다. 재재의 성공과 인기를 통해 이 시대 콘텐츠 소비자들의 변화를 느낄 수 있습니다.

그녀 외에도 최근 웹 콘텐츠로 사랑받고 있는 새로운 스타일의 콘텐츠나 출연자들을 보면 이제는 이 분야도 자리를 잡았구나 하는 생각이 듭니다. 불과 몇 년 전만 해도 방송사 같은 기존의 레거시(전통) 미디어 조직에서 성공적인 웹 콘텐츠를 만드는 것은 불가능하지 않나 하는 회의론이 대세였습니다. KBS, MBC, SBS 등 대부분의 방송사가 새로운 콘텐츠 분야에 뛰어들었지만 잠깐의 화제를 얻는 것 이상의 성공적인 사례를 만들지는 못하고 있었습니다. 그러다 하나둘 콘텐츠 소비자들의 반응을 받는 작품들이 나오더니 이제는 탄탄한 인기를 유지하는 컨텐츠들이 보이기 시작하고 있습니다.

JTBC '스튜디오 룰루랄라'가 만든 웹 예능 〈와썹맨〉은 인기 그룹이었던 'GOD'의 리더 박준형 씨를 진행자로, 〈워크맨〉

은 아나운서 장성규 씨를 진행자로 크게 성공하며, 기존의 방송사 시스템에서도 성공하는 웹 콘텐츠 제작이 가능함을 보여준 사례입니다. EBS의 〈자이언트 펭TV〉는 웹 콘텐츠가 방송으로까지 확장할 수 있는 잠재력이 있음을 입증했습니다.

이렇게 성공적인 모습의 웹 콘텐츠들이 콘텐츠 소비자들에게 탄탄한 사랑을 받는 모습은 제게 불과 몇 년 전까지 이 분야에서 계속되는 좌절을 맛봐야 했던 기억을 떠올리게 합니다.

2015년, 저는 MCN(Multi Channel Network) 사업을 추진하자는 보고서를 회사에 제출했습니다. 그러나 당시 KBS 내에는 정책 결정자 중 MCN이라는 것을 아는 사람이 없었습니다. 그래서 기획안을 내고 4개월 넘게 내부 설득을 했으나 사업 추진 허락을 쉽게 받지 못하고 있었습니다. 그런데 때마침 해외에서 MCN 열풍에 대한 언론 보도가 나오기 시작했고, 이어서 정부는 MCN 사업이 1인 창업자를 육성할 것이라 생각하여 지원책을 발표했습니다. MCN 사업이 갑자기 미래 사업으로 급부상하게 된 것입니다. 그러자 회사 분위기도 달라졌습니다. 갑자기 적극적으로 이 사업을 추진해보라는 지시가 떨어졌습니다.

기존의 KBS와는 전혀 다른 분야의 사업을 시작하는 것이기에, 새로운 KBS MCN 사업의 브랜드가 필요했고, '예띠 스튜디오'라는 이름이 만들어졌습니다. '예띠(Yettie)'는 '젊고(Young), 기업가 정신을 가지고 있으며(Entrepreneurial), 기술적인 전문성(Technocrat)을 가진 젊은이'를 뜻하는 단어입니다. 그런데 온라인과 모바일 분야에서 후발주자나 마찬가지였던 KBS가 디지털 콘텐츠 분야의 최신 트렌드인 MCN 사업을 한다는 것은 헤쳐나가야 할 일이 한두 개가 아니라는 뜻이었습니다. 내부에는 MCN 사업 경험이 있는 인력이 한 명도 없었고, MCN에서 가장 중요한 소속 1인 크리에이터도 보유하고 있지 않았지요. 제가 가진 거라고는 방송 제작 경험을 가진 PD 2명과 의욕 넘치는 국장님뿐이었습니다.

핵심 자원이 부족한 경우에 필요한 것은 남들이 하지 않는 색다른 아이디어로 돌파구를 찾는 것입니다. 고민 끝에 제가 찾아낸 방법은 '1인 창작자 오디션'이었습니다. 오디션 공고를 통해 자연스럽게 KBS가 MCN 사업을 추진한다는 내용을 내외부에 홍보하고, 오디션으로 MCN 사업의 핵심 자원인 1인 창작자를 제대로 모을 수 있다면 두 마리 토끼를 한번에 잡는 것이라 생각한 것인데요. 이렇게 해서 추진된 1인 크리에이터 오디션으로 17개 팀이 선정됐고, 방송사의 장점을 살려 연예인을 1인 크리에이터로 참여시켜 오리지널 콘텐츠 〈오나미의 뷰티채널〉과 〈K-POP 아이돌〉 이렇게 2개의 채널을 저희 팀이 직접 만들었습니다. 그래서 총 19개의 1인 크리에이터 채널로 예띠 스튜디오는 시작되었습니다.

이렇게 어렵게 시작한 KBS의 MCN 사업은 초반에는 큰 주목을 받았습니다. 언론에서도 관심을 두고 기사를 많이 내주었고 외부의 웹 콘텐츠 제작사나 MCN 회사들과의 협업 제안도 빠르게 진행되었습니다. 그리고 예띠 스튜디오에서 만든 콘텐츠를 TV 프로그램에 편성하는 과감한 시도도 감행하였습니다. 국내 지상파 방송 사상 최초의 시도였고, 관련 전문가들도 KBS의 이러한 움직임에 놀라워했습니다.

KBS의 오리지널 콘텐츠를 만들어서 웹 콘텐츠 IP(Intellectual Property, 지적 재산권)를 확보하고자 시작한 프로젝트도 있었습니다. 〈아이돌 인턴왕〉은 KBS 예띠 스튜디오에서 SK텔레콤과 함께 제작한 예능 콘텐츠입니다. 인기 걸그룹 6팀에서 1명씩 선발하여 그녀들이 특정 직업의 인턴에 도전하는 모습을 보여주는 리얼리티 콘텐츠였는데요. 회당 10분 전후의 길이로 20회를 제작하여 SK텔레콤의 온라인 플랫폼인 '옥수수'에 노출하는 방식을 택했는데, TV보다 온라인에서 먼저 볼 수 있도록 한 것은 당시로써는 상당히 파격적인 시도였습니다.

이런 예띠 스튜디오의 출범과 활약은 업계에서 단박에 주목을 받았지만, 한편으로는 과연 지속해서 이 사업을 추진해 나갈 수 있겠느냐는 의구심도 많았습니다. MCN은 무명의 크리에이터가 일정 수준의 콘텐츠를 지속적으로 쌓으며 팬층을 확보하는 게 중요한데, 이를 장기적인 관점에서 투자할 수 있겠는가 하는 우려의 시선을 보내는 외부 전문가들이 많았습니다. 결과적으로 전문가들의 우려는 현실로 나타났습니다. 1년여 동안의 과감한 도전은 그 뒤 경영진이 바뀌면서 방향을 잃게 되었고 지금은 간신히 그 명맥만 유지하고 있습니다.

당시, 제가 MCN 사업을 주도할 수 있게 된 데에는 회사 내에서 제가 미래 미디어 관련 전문가로 통하고 있었기 때문입니다. 그런데 이런 이미지가 만들어지기까지는 10년이 넘는 시간이 걸린 것 같습니다.

방송사 입사 후 조연출 시절 우연히 접한 인터넷 오디오

라이브 방송을 통해 저는 미래 미디어 산업의 중심은 인터넷이 될 것이라고 확신하게 되었습니다. 그 뒤로 일하는 시간 틈틈이 전자신문을 꾸준히 읽는 습관을 갖게 되었는데, 1년 가까이 이 습관을 반복하니 신문에 등장하는 IT 전문 용어들을 빠짐없이 이해하는 수준에 이르게 되었습니다. 그 뒤로 IT 전문 블로거들의 글을 찾아 읽었습니다. 그러자 IT 전문가들이 모이는 자리에 참여해서 함께 이야기하는 수준으로 발전했고요. 이런 활동들이 10년을 넘게 되자, IT 관련 내용으로 3권의 책도 쓰고 서서히 회사 내에서 미래 미디어 전문가로 인정을 받게 된 것입니다.

준비하는 시간의 힘

시간의 힘이란 참으로 대단해서 전자신문의 단어들을 이해하지 못해 끙끙대며 기사를 읽던 제가 지금은 인공지능이라는 주제에 대해서도 자신 있게 이야기할 수 있게 되었습니다. 독자분들도 흥미가 생기는 특정 분야를 발견했다면 서두르지 말고 그 분야의 내용을 다루는 신문이나 잡지를 하나 골라 매일 읽는 습관을 만들어보세요. 1년 정도 관련 글을 읽다 보면 처음엔 이해되지 않던 것들이 차츰 머릿속으로 들어옵니다. 그리고 다시 또 1년이 지나면 그 분야의 전체 그림이 조금씩 보이게 됩니다. 이런 습관을 10년 동안 유지한다면 그 분야의 전문가들과 이야기 나눌 수 있는 충분한 수준이 될 거라고 생각합니다.

시간의 힘은 개인의 능력을 높여주는 것뿐 아니라 콘텐츠에 생명력을 주는 능력도 있습니다. 앞에서 예를 들었던 성공한 웹 콘텐츠들은 어느 날 갑자기 만들어진 것이 아닙니다. 몇 년간의 좌절과 시행착오를 통해 쌓인 노하우와 그 시간 동안 관계를 맺어온 콘텐츠 소비자들의 지지가 합쳐져 만들어진 결과이지요. 지금은 수백만의 구독자를 보유한 유명 1인 크리에이터들도 모두 초라했던 초창기 시절을 겪었습니다. 영상을 만들어 올려도 기대만큼 반응이 나오지 않아 좌절했던 시절은 버텨내기 쉽지 않았을 겁니다. 그런데도 콘텐츠를 기획하고 만드는 것에 희열을 느끼며 열심히 업로드하는 습관을 포기하지 않은 사람들만 지금의 영광을 누릴 수 있게 된 것이지요.

1인 크리에이터가 아닌 방송사나 대형 제작사에서 만드는 콘텐츠 역시 같은 과정을 겪습니다. 인터넷의 바다에는 너무나 많은 콘텐츠가 있어서, 처음부터 콘텐츠 소비자들의 마음을 사로잡기는 어렵습니다. 자신의 콘텐츠를 사랑하고 꾸준히 소통하는 자세로 시간의 힘을 믿어야 합니다. 콘텐츠가 가진 힘이 있다면, 시간의 문제이지 언젠가는 성공하는 때를 만나게 될 것입니다. 뻔한 말 같지만, 기회는 준비된 자에게만 옵니다. 콘텐츠 분야에서도 이 격언은 예외가 아니라고 말씀 드리고 싶습니다.

5

콘텐츠 만들기는 기록을 남기는 일

영상 콘텐츠를 만드는 것도 글을 쓰거나 사진을 찍는 것과 마찬가지로 어떤 특정 순간을 기록하는 행위입니다. '기록'은 역사를 만들어내는 힘을 가지고 있습니다.

SBS에서 기획한 〈전설의 무대, 아카이브 K〉는 방송가의 복고 열풍을 예능이나 드라마가 아닌 토크쇼와 음악 공연이 혼합된 형식으로 풀어내고 있습니다. 한국 가요사를 정리하려는 듯한 구성은 단순히 복고 분위기를 차용한 콘텐츠를 넘어 후대에 자료로서도 의미가 있는 프로그램을 만들겠다는 제작진의 결연한 의도가 읽히기도 합니다. 콘텐츠의 장르 파괴가 일상화된 지금, 다큐멘터리나 교양 콘텐츠에서 시도할 만한 기획을 예능적인 구성으로 접근하여 풀어낸 점이 독특합니다. 자칫 역사를 정리하는 작업은 진지하고 무거운 분위기로 흐를 수 있는데, 오락 토크쇼 방식으로 적당한 웃음과 의미 있는 정보를 잘 조화시킨 좋은 프로그램이라고 생각합니다. 유쾌하게 구성하면서도 출연진들의 인간적인 속내를 들여다볼 수 있도록 인터뷰를 진중하게 배합한 부분이 재미있으면서 감동과 정보도 함께 주고 있습니다.

이 프로그램은 홈페이지에 올려져 있는 아래의 기획 의도가 말 그대로 아주 잘 구현된 콘텐츠라 하겠습니다.

대한민국 대중음악 역사를 기록하다.

전설의 무대 - 아카이브K

오늘날, K-POP이라 불리는 대한민국의 대중음악이

세계적인 수준에 이르렀다는 것을 부정하는 사람은 없다.

그러나 명반이 나오기까지 어떤 노력이 있었으며,

뛰어난 아티스트는 어떻게 배출되었는지,

어떤 음악을 통해 눈부신 성과를 낼 수 있었는지,

명료하게 정리해 놓은 기록은 어디에도 존재하지 않는다.
하여, 우리는 대한민국 대중음악 역사에서 잊지 말아야 할
중요한 신(Scene)의 주인공들을 한자리에 모아
당사자들의 기억과 의미 있는 자료를 '보존(Archive)'하고
역사적 변곡점을 만든 '전설의 무대'를 기록하여
누구든 대한민국의 대중음악사에 대해 알고자 할 때
먼저 펼쳐볼 수 있는 책갈피를 만들고, 확장해 나가고자
한다.

물론 특정 장르의 음악은 다루지 못했고, 프로그램을 제작
한 외주사의 인원 구성에 영향을 받아 특정 음반 기획사를 과
도하게 다룬 점은 비판의 여지가 있지만, 우리 대중 음악사를
기록하는 다큐멘터리 음악 쇼로, 전설적인 음악인들의 이야
기와 공연 무대를 담아낸 노력은 높이 평가받아 마땅해 보입
니다.

〈전설의 무대, 아카이브 K〉 이전에도 우리의 대중음악
역사를 체계적으로 기록해 두려는 프로그램이 있었습니다.
2013년부터 1년 동안 Mnet을 통해 방송됐던 〈레전드100-아
티스트〉가 그것인데요. 한국 대중 가요사를 빛낸 전설의 가수

100명을 선정하여 1년 동안 진행되었습니다. Mnet 방송사가 음악 전문 채널답게 일종의 캠페인 프로그램으로 기획한 이 프로젝트는 당시 많은 호평을 받았던 것으로 기억합니다.

대중문화에는 항상 스타가 존재합니다. 이 스타의 존재로 인해 우리는 콘텐츠에 순간적으로 몰입할 수 있게 됩니다. 예능 콘텐츠는 순간의 열정을 즐기는 장르라고 하겠습니다. 이런 특성으로 인해 웃음과 재미를 주로 추구하는 예능 콘텐츠는 다른 장르에 비해 그 열정의 순간이 제대로 기록되지 않고 사라지는 경우가 많습니다. 너무나 소중한 우리의 대중문화 자산이 순간의 열정으로 끝나버리고 기록되지 않는다면 모두에게 안타까운 일일 것입니다. 영상 콘텐츠를 만드는 것도 글을 쓰거나 사진을 찍는 것과 마찬가지로 어떠한 특정 순간을 기록하는 행위입니다. 기록하는 것은 역사를 만들어내는 힘을 가지고 있습니다. 특히 대중의 사랑을 받았던 스타들과 그들이 함께한 콘텐츠를 영상으로 기록하는 행위는 우리의 추억을 보관하는 일과도 같습니다.

1995년 KBS 예능 PD로 입사한 후, 제가 처음 맡은 프로그램은 〈연예가중계〉였습니다. 처음 제작에 참여하여 만든 1분 정도의 영상이 〈연예가중계〉 방송 전파를 타던 때의 그 짜릿함은 지금도 잊을 수가 없는데요. 입사 후 1년 6개월 정도를 〈연예가중계〉 소속 PD로 일했기에, TV 프로그램 연출의 기초는 거의 그곳에서 다 배웠다고 할 수 있을 것 같습니다. 1984년 4월 8일 첫 전파를 타기 시작한 이 프로그램은 2019년 11월 29일을 마지막으로 종방되었습니다. 저의 조연출 시절 추억이 가득한 방송이었던 만큼 저로서는 너무나 아쉬움이 많이 남습니다.

〈연예가중계〉는 연예가의 뉴스를 전달해주는 연예 정보 프로그램으로, 스튜디오에서 MC와 리포터가 생방송으로 진행하며 연예 뉴스 꼭지를 설명해주는 방식입니다. 뉴스 보도 프로그램 형식을 연예 정보에 특화해서 제작한 것인데요. 앵커가 스튜디오에서 뉴스 꼭지 영상을 보여주며 진행하는 뉴스 프로그램과 유사한 형식입니다.

연예가중계 소속 PD는 매주 2~3개 정도의 연예 뉴스 꼭지 영상을 취재하고 편집해서 프로그램을 만듭니다. 4명의 PD가 총 10개가 넘는 연예 정보 뉴스 아이템을 취재하고 편집하여 꼭지 영상을 만들고, 이 영상을 스튜디오에서 MC와 리포터들이 소개하는 형태입니다. 저는 팀의 막내로 프로그램에 합류한 지 2개월 후부터 꼭지 영상을 연출하기 시작했고, 이곳에서 좋은 선배들로부터 PD로서 가져야 할 기본을 배웠습니다.

〈연예가중계〉에 몸담았던 18개월 동안 여러 가지 다양한 연예가 뉴스들을 취재했는데, 가장 인상적이었던 것 중 하나가 '립싱크' 아이템이었습니다. 그 시절 인기 가요 순위 프로그램이었던 〈가요톱텐〉은 지금의 〈뮤직뱅크〉와 유사한 방송으로, 당시에는 10대들에게 인기 있는 댄스 그룹들이 순위 차트를 거의 점령하고 있었습니다. 그러면서 이슈로 떠오른 것이 바로 립싱크 문제였습니다. 과감한 안무를 하면서 노래를 해야 하는 댄스 그룹들은 방송에서 직접 노래를 하지 않고 반주에 목소리까지 녹음된 AR을 사용하는 경우가 많았습니다. 이를 두고 가수가 노래하지 않고 춤만 춘다며 비판하는 의견이 많았는데요. 그래서 당시 〈가요톱텐〉에서는 댄스 가수들이 립싱크를 할 경우에는 방송 화면에 CG로 립싱크 중이라는 표기를 하고 있었습니다.

저는 이 내용을 취재하기 위해 〈가요톱텐〉 현장을 찾았습니다. 가수는 단순히 노래뿐 아니라 온몸으로 자신의 음악을 표현하는 사람이라고 생각하고 있었기 때문에, 립싱크에 대해 부정적인 의견을 갖고 있진 않았습니다. 그리고 립싱크를 해야만 하는 댄스 가수들의 애환을 보여주고 싶다는 생각도 있었고요. 그런데 〈가요톱텐〉 현장에서 저의 촬영은 쉽게 진행되지 못했습니다. 출연 댄스 그룹들이 모두 촬영과 인터뷰를 피했기 때문입니다. 상황이 여의치 않아 저는 결국 현장에서 하고자 했던 이야기를 바꾸어야 했습니다.

당시 출연 댄스 그룹 중에는 '쿨'도 있었는데, 쿨은 립싱크를 하지 않고 춤을 추면서 라이브로 노래도 부르고 있었습니다. 여기에 착안해 립싱크를 하지 않는 가창력이 뛰어난 실력파 댄스 그룹들도 있다는 것을 주제로 다시 촬영하게 되었던 것이죠. 원래 의도는 댄스 가수가 립싱크를 하는 것은 시청자에게 더욱더 멋진 모습을 보여주기 위한 것이라는 댄스 가수들에게 우호적인 의견을 방송으로 만들려고 했던 것인데, 가수들이 대부분 인터뷰를 거절하면서 쿨을 중심으로 립싱크를 하지 않는 실력파 댄스 그룹을 칭찬하는 내용으로 바꾸어 방송이 나가게 되었습니다. 당시 시청률이 25%가 넘던 〈연예가중계〉는 정말 큰 영향력을 가지고 있었던 터라 쿨은 그 뒤로 한동안 라이브를 잘하는 가수로 인식되었습니다.

사람들과 공유할 가치를 기록으로 남기는 일

콘텐츠를 기획한다는 것은 기록으로서 가치가 있는 것을 찾아내고 이를 콘텐츠 소비자들과 나누고자 하는 행위입니다. 콘텐츠 기획자는 무엇이 기록할 가치가 있는 순간인지를 판단할 수 있는 지혜가 있어야 합니다. 이런 지혜는 오랜 기간의 콘텐츠 제작을 통해서 얻어질 수 있는 능력입니다. 역사를 영상으로 기록하는 사람은 순간 속에서 중요한 지점을 포착해내는 능력을 길러야 합니다. 순간의 열정을 기록으로 남기고 그 기록 속에서 다른 사람들과 공유할 가치가 있는 부분을 찾아 콘텐츠로 만들어내는 것이 바로 콘텐츠 기획자입니다.

6

편집은 영상으로 글을 쓰는 일

콘텐츠 제작의 기본기는 글 쓰는 능력으로부터 시작됩니다. 영상 편집은 촬영된 영상으로 글을 쓰는 일입니다. 능력 있는 편집자는 촬영된 영상으로 원하는 이야기를 만들어냅니다. 악마의 편집도, 천사의 편집도 모두 가능하지요.

〈슈퍼스타K〉는 7.7%의 시청률로 2009년 케이블방송 사상 역대 최고 시청률을 기록하며 국내 방송시장의 지각 변동을 예고한 프로그램입니다. 당시에는 시청률이 2%대만 나와도 대박으로 여기던 케이블에서 이런 경이적인 시청률이 가능해진 것은 엄청난 일이었는데요. 기존의 10대 아이돌 위주의 오디션에서 벗어나 나이, 지역, 계층 차별 없이 모두 공평한 기회가 주어지는 오디션을 표방하며 생방송 중 전화 투표와 사전 인터넷 투표를 통해 전 국민이 심사위원이 되어, 슈퍼스타를 직접 뽑는 형식으로 진행된 프로그램이었습니다. 이 프로그램의 성공과 함께 방송가에서는 오디션 프로그램들이 우후죽순 생겨났고, 지금까지도 오디션을 표방한 형식의 프로그램들은 큰 사랑을 받고 있습니다.

성공과 함께 여러 가지 화제를 몰고 온 이 프로그램은 '악마의 편집'이라는 유행어를 만들어내기도 했습니다. 악마의 편집은 원래의 상황을 오해하도록 의도적으로 왜곡하는 편집 방식을 뜻하는 인터넷 용어입니다. 사실을 왜곡하여 자극적인 이야기를 만드는 이런 편집은 이전에도 있었습니다. 영상 편집에 이런 엄청난 힘이 있다는 것을 발견하여 이를 이론화한 '몽타주' 기법은 이미 1930년대 구소련에서 만들어진 것인데요. 영상 편집은 앞뒤로 붙는 장면이 무엇이냐에 따라 보는 사람에게 전달되는 메시지가 완전히 달라질 수 있는 엄청난 힘을 가지고 있음은 편집을 해본 사람들은 잘 알고 있습니다. 특히 뉴스에서 이런 편집이 악용되면 사회 전체에 큰 해악을

끼치는 무시무시한 결과를 낳기도 합니다. 일반적으로 '악마의 편집'은 주로 출연자들의 경쟁심을 유발하는 서바이벌 예능이나 관찰·리얼리티 예능에서 많이 사용되고 있습니다.

이런 오랜 역사를 가진 편집 방식이 일반 대중들에게까지 알려지고 관심의 대상이 된 시작에 바로 〈슈퍼스타K 2〉가 있습니다. 〈슈퍼스타K 2〉의 출연자였던 김그림 씨가 악의적 편집으로 희생양이 되었다는 주장을 편 것을 계기로 온라인에서 악마의 편집이라는 표현이 만들어져서 퍼져나갔고, 한 언론에서 이 용어에 대해 기사화하면서 일반 대중에게도 알려지게 되었지요. 이후 〈슈퍼스타K 3〉에서 악마의 편집이 사용되는 사례가 더욱 많이 나타났고 이것이 화제가 되면서 일상적인 용어로 자리를 잡았습니다. 그 뒤로 많은 논란과 폭로 그리고 쏟아지는 비판에도 악마의 편집은 몇몇 예능 프로그램에서 여전히 사용되고 있습니다. 콘텐츠 소비자에게 관심을 받지 못하고 사라지는 것보다는 이런 부정적인 논란을 이용해서라도 화제성을 만들어 시청률을 올리는 것이 낫기 때문이라는 판단에서일 것입니다.

글에 비해 영상은 사람들에게 사실일 것이라는 믿음을 더 크게 주게 됩니다. 이런 이유로 영상 편집은 언제나 왜곡의 가능성을 내포하고 있다 하겠습니다. 심지어 생방송이나 촬영 영상을 그대로 보여준다 해도 어떤 장면을 촬영하는가 역시 연출자의 주관이 들어갈 수밖에 없는데요. 리얼리티 프로그램 또한 정해진 시간 동안 이야기를 만들어 전달하기 위해서는 어쩔 수 없이 특정 부분을 선택하여 흥미로운 이야기를 만들어내야 하는 것이 콘텐츠 제작자들의 숙명입니다.

그리고 시청자들로부터 관심을 끌기 위해 재미있는 영상 콘텐츠를 만들고자 하는 욕심은 왜곡을 부르기도 합니다. 특히 기획한 대로 촬영 현장이 진행되지 않았을 때에는 그 유혹이 더 커지기도 하지요.

제가 오래전 연출했던 '환상대결 1대5'라는라는 제목의 코너가 있습니다. 제목에서 알 수 있듯이 이 코너는 5명의 멤버가 1명의 스포츠 스타와 대결하는 콘셉트로 기획된 예능 콘텐츠였습니다. 꽤 오래전 일이라 5명 모두가 정확히 기억나지는 않지만 메인 진행자는 유재석 씨였습니다. 이 코너를 진행할 당시 유재석 씨는 유명해지기 전이었습니다. 당시에는 그의 존재가 그리 중요하지 않아 이 코너는 5번 정도를 방송하고 사라져 버렸습니다. 그런데 사라지게 된 이유가 조금은 서글픕니다.

그 당시 최고의 인기 예능 프로그램은 〈출발 드림팀〉이었는데요. 〈환상대결 1대5〉 코너가 처음 방송이 나간 뒤 반응도 괜찮고 시청률도 꽤 높았는데, 오히려 이게 화근이 되었습니다. 스포츠 대결을 하는 것이 비슷하여 당시 최고 인기를 누리던 〈출발 드림팀〉의 인기에 방해가 될 수 있다며 코너 콘셉트를 바꾸라는 지시가 내려온 것입니다. 그렇지 않다고 항변을 해봤지만, 소용이 없었고 저는 코너를 스포츠 스타와의 대결에서 달인과의 대결로 바꿔야 했습니다.

코너의 콘셉트를 급하게 바꾸고 나간 첫 촬영이 우편배달을 하는 달인과 5명의 연예인 군단의 대결이었고, 그 촬영이 이 코너의 마지막 촬영이 되었습니다. 급하게 콘셉트를 바꾸고 달인을 섭외하여 촬영 준비를 하다 보니 사전답사가 제대로 되지 않았고, 촬영은 그야말로 엉망이 돼버렸습니다. 스포츠 스타와의 대결에서는 5명의 연예인이 함께 경기해도 1명의 운동선수를 이기지 못하는 경우가 대부분이었고 이것이 재미의 핵심이었는데, 달인과의 대결은 그 룰이 전혀 성립되지 않았습니다. 결국 촬영 이후에 편집으로 엉망이 된 부분을 해결해서 방송을 겨우 내보내게 되었습니다. 방송상으로는 촬영장의 문제점들이 크게 드러나지 않게 잘 편집이 되기는 했지만, 실제 촬영장의 분위기를 영상으로 완벽하게 바꾸는 것은 불가능했기에 스포츠 스타와의 대결에서는 보여주었던 코너의 재미는 완전히 없어진 밍밍한 콘텐츠가 되고 말았습니다.

편집은 영상으로 쓰는 이야기

영상 편집은 글을 쓰는 작업과 유사하다고 할 수 있습니다. 차이점이라면 영상 편집은 확보한 영상만으로 구성해야 한다는 것이죠. 상상력에 제한 없이 글을 쓰는 것과는 다릅니다. 촬영 과정에서 원하는 영상을 얻지 못하면 편집은 이미 실패한 것이나 다름없습니다. 그래서 PD는 편집 전 과정인 촬영과 자료 획득 단계에서 어느 정도 자신이 하고자 하는 이야기를 결정하게 됩니다. 물론 생각지 못한 영상을 프리뷰 과정에서 발견하여 처음 의도했던 방향과 전혀 다르게 편집이 되는 경우도 있기는 하지만 그건 아주 드문 일이고, 대부분은 촬영 단계에서 일정 정도 편집의 틀이 만들어집니다. 그래서 PD들은 촬영 현장에서 자신에게 필요한 영상들을 미리 머릿속에 기억해둡니다. 드라마에서는 이 작업만 전담하는 '스크립터'라는 전문직이 따로 있을 정도로 중요한 작업인데요. 촬영 때 편집에 꼭 필요한 부분을 찍지 못하면 재촬영 외에는 방법이 없기 때문에 편집을 잘하는 가장 좋은 방법은 촬영에 필요한 영상을 절대 빠트리지 않도록 관리하는 것입니다. 이런 이유로 촬영 시 대본이나 촬영 구성안을 미리 구상해두는 것은 실제 촬영에서 매우 중요한 역할을 합니다.

영상물은 10분 정도의 결과물을 만들기 위해서 보통 10시간 이상의 촬영 클립을 만듭니다. 이 많은 분량의 영상 중 편집에서 사용할 가치가 높은 부분을 어떻게 선별할 것인가가 편집에서 중요한 결정 사항이 되죠. 그리고 영상의 순서를 어떻게 배치할 것인지가 편집의 예술성과 오락성을 만들어냅니다.

PD들은 몇 년간의 조연출 기간을 거치며 이런 편집에 대한 노하우를 선배 PD에게 전수받습니다. 선배로부터 배운 노하우에 자신만의 개성이 녹아들면 그때부터 PD 개인의 개성 있는 영상물이 탄생하게 됩니다. 그래서 성공한 영상물을 많이 보고 계속 연습해보는 게 편집을 잘하는 비결입니다. 편집에 대한 평가는 사실 주관적일 수밖에 없습니다. 모두가 동의하는 편집 법칙이라는 것도 없고요. 그저 많은 사람이 좋은 편집이라고 받아들이는 영상물만 있을 뿐입니다. 최근 유튜브나 새로운 플랫폼에 올라오는 영상들을 보면 기존의 영상 편집 문법이 해체된 것을 느낍니다. 이제는 새로운 영상 플랫폼에 맞는 새로운 스타일의 편집이 대세가 되어가고 있음을 인정해야 하는 시대가 된 듯합니다.

그리고 한 가지 더 강조하고 싶은 게 있습니다. 그것은 바로 편집자의 철학입니다. 영상 편집은 어떻게 하느냐에 따라 사람의 마음을 아프게도 하고 감동을 주기도 합니다. 편집자는 출연자를 대상으로만 보지 말고 함께 콘텐츠를 만들어가는 스텝으로 생각해야 합니다. 관심을 끌기 위한 충격 요법의 편집이 필요할 때도 있겠지만, 영상 편집에는 출연자를 따뜻한 마음으로 바라보는 휴머니즘이 담겨 있어야 합니다. 진실한 인간의 모습을 담는 이야기여야 감동을 주는 콘텐츠가 될 수 있기 때문입니다.

7

잘되는 콘텐츠의 비밀

기획자들의 아이디어와 트렌드를 읽는 예리한 눈, 그리고 출연자들의 노력이 함께할 때 사람들이 열광하는 콘텐츠가 탄생합니다. 이건 올드미디어든 뉴미디어든 상관이 없습니다. 좋은 콘텐츠는 결국 사랑받게 됩니다.

SBS의 유튜브 채널 'SBS KPOP CLASSIC'에서 1990년부터 방송했던 〈SBS 인기가요〉를 실시간 스트리밍하면서 생각지도 못했던 히트 상품인 〈온라인 탑골공원〉이 탄생하게 되었습니다. 〈온라인 탑골공원〉은 30대, 40대의 콘텐츠 소비자들이 1990년대와 2000년대 초반의 음악과 패션을 다시 볼 수 있는 이 채널에 모여 실시간 댓글로 소통하며 즐기는 모습을 재미있게 표현한 인터넷 용어입니다.

2007년 개설한 이 채널은 스트리밍 서비스를 하기 전까지는 구독자 6만 명의 초라한 모습이었다고 하네요. 그런데 〈SBS 인기가요〉 스트리밍이 대박을 터트리면서 구독자가 갑자기 늘어났고 새로운 문화 현상까지 생기게 됩니다. 그 중 〈온라인 탑골공원〉이 만들어낸 최고의 히트 상품은 단연 '양준일'이라고 할 수 있겠습니다.

양준일 씨는 1990년대 초 가요계에 데뷔한 가수입니다. 그런데 당시에는 그의 음악과 패션이 국내 팬들에겐 낯선 부분이 많아 실패를 맛보아야 했습니다. 열심히 활동한 것에 비해 반응은 좋지 않았습니다. 그리고 여러 가지 불운이 겹치며 그는 국내 가요계를 완전히 떠나 미국으로 돌아가 생활을 하게 됩니다.

그런데 〈온라인 탑골공원〉이 히트를 하면서 1990년대 스타들을 그리워하며 다시 보고 싶어 하는 분위기가 강렬해집니다. 물론 〈온라인 탑골공원〉 전에도 7080 음악이나 90년대에서 2000년대 초반 음악에 대한 복고 열풍은 있었지만, 이는 주로 그 당시 히트했던 노래와 인기 가수 위주의 유행이었습니다. 그런데 '양준일'이라는 가수에 대한 관심은 조금 달랐습니다. 큰 히트곡이 없었던 그였지만 그의 음악과 패션 그리고 외모에 대한 관심이 폭발적으로 늘어나기 시작한 것입니다.

〈온라인 탑골공원〉에서의 인기로 그를 이야기하는 사람들이 늘어나자, 보고 싶은 과거의 스타를 다시 무대로 불러내는 프로그램 〈투유 프로젝트 - 슈가맨3〉에서 미국에 있던 양준일 씨를 소환하여 시청자에게 다시 모습을 보입니다. 이 프로그램에서 그가 보여준 선한 이미지와 안타까운 사연이 시청자들의 마음을 사로잡으며 그는 갑자기 스타로 급부상하게 됩니다. '양준일 신드롬'이라고까지 불린 갑작스러운 인기로 그는 JTBC 뉴스룸에 출연하여 손석희 앵커와 인터뷰를 하기도 했는데요. 양준일이라는 콘텐츠가 뒤늦게 사람들에게 사랑을 받은 이러한 사례는 과연 어떤 콘텐츠가 콘텐츠 소비자들의 관심을 받을 것인가 하는 것은 누구도 정확하게 예측하기 어렵다는 것을 보여주고 있습니다.

아무리 콘텐츠 업계에서 오랜 시간 일을 하며 히트작을

많이 만든 전문가라도 매번 성공하는 콘텐츠를 만들어낼 수는 없습니다. 그래서 콘텐츠 업계의 기획자와 제작자들은 매사에 겸손할 필요가 있습니다. 모두가 성공한다고 예측한 것들이 크게 실패하기도 하고, 전혀 기대하지 않았던 작품이 예상외로 큰 성공을 거두기도 하는 곳이 콘텐츠 업계입니다.

2014년, 방송사들은 '웹 콘텐츠' 또는 '모바일 콘텐츠'라 불리던 새로운 변화의 흐름을 맞이하게 되었습니다. 그런데 대부분의 방송사는 이 변화를 그동안 자신들이 해왔던 방식으로 판단하려고만 했습니다. 온라인에서 소비되는 동영상 콘텐츠를 TV 콘텐츠와 유사한 잣대로 판단하려 했고, 여전히 방송사가 영상 콘텐츠 분야에서는 월등한 능력을 보유하고 있다고 예단하고 있었죠.

처음 반응은 무시였습니다. 방송사에서 제작한 프리미엄 콘텐츠보다 질적으로 아무래도 떨어질 수밖에 없었던 새로운 스타일의 콘텐츠들을 이해하기가 어려웠거든요. 이런 이상한 콘텐츠를 좋아하는 소비자들을 받아들이기가 힘들었고, 1인 크리에이터들의 제작 방식을 이해하지 못했습니다. 그나마 TV 콘텐츠와 유사하다는 이유로 방송사들이 가장 먼저 관심을 보인 것이 '웹드라마'였습니다.

웹드라마는 기성 언론에서 가장 먼저 주목한 디지털 콘텐츠였습니다. 언론사의 기자들도 콘텐츠 업계의 새로운 흐름을 기존의 방식으로 이해하고 있었기 때문에 웹드라마는 기존 TV 드라마를 대체할 미래의 킬러 콘텐츠로 받아들여졌습니다. 웹드라마 이외의 1인 크리에이터 콘텐츠들은 그 당시에는 기성 언론이나 방송사에서 받아들이기에는 쉽지 않은 상황이었던 것이죠. 이런 이유로 이제 막 디지털 콘텐츠에 관심을 가지기 시작한 방송사들의 첫 번째 선택은 당연히 웹드라마였습니다.

그런데 불행히도 언론이나 방송사에서 웹드라마를 인식하고 있는 부분 중 가장 왜곡되어 있던 부분이 제작비에 관한 것이었습니다. 웹드라마를 적은 제작비로 만들 수 있는 콘텐츠라고 생각한 것인데요. 적은 제작비로 좋은 콘텐츠를 만드는 것은 천재들이나 할 수 있는 영역입니다. 특히 영상 콘텐츠의 경우에는 콘텐츠의 품질이 제작비와 비례한다고 해도 틀린 말이 아닙니다. 물론 무조건 제작비를 많이 들인다고 해서 모두 좋은 작품이 되는 것은 아닙니다. 하지만 제작비를 많이 들인 작품 중에서 좋은 작품이 나오는 것이 상식입니다. 예외의 경우가 가끔 있기는 하지만 좋은 스텝들이나 좋은 출연자들에게는 그만큼의 임금을 지급해야 한다고 생각하면, 결국 그만큼의 보장된 실력에서 좋은 콘텐츠가 나올 확률이 높아진다고 볼 수 있습니다. 그러니 적은 제작비로 웹드라마를 만들어서 성공할 수 있다고 생각했다는 것 자체가 잘못된 믿음이었습니다.

이런 믿음이 생긴 이유는 당시 상황에 대한 분석이 표피적이었기 때문입니다. 스마트폰으로 영상 콘텐츠를 보는 10대들의 콘텐츠 소비 습관을 살펴보니 제작비를 거의 투입하지 못하는 1인 크리에이터의 영상들을 열심히 보고 있다는 것만으로 그 기준을 판단하는 오해를 하게 된 거였죠. 그들이 그런 저가의 콘텐츠를 보는 이유는 그 콘텐츠들이 기존의 방송사 콘텐츠들이 다루지 못하는 분야를 새로운 방식으로 보여주고 있었기 때문이었는데, 돈이 적게 들어간다는 점을 너무 크게 확대하여 해석하는 실수를 범하고 만 것이었습니다. 게다가 그동안 방송사에서 하지 못했던 부분에 대해서도 큰 오해를 했는데, 정말로 기존의 방송사들로서는 할 수 없는 것들이 있었음에도 이 부분을 할 수 있다고 쉽게 생각한 것입니다.

　기존 방송사 제작 인력의 나이가 평균적으로 40대가 넘는데, 이들이 10대들의 정서를 이해하고 그들이 원하는 콘텐츠를 만들 수는 없었습니다. 그런데도 방송사들은 그동안 자신들이 하던 방식으로도 10대들을 위한 콘텐츠를 잘 만들 수 있다고 생각한 것입니다. 10대의 감성이나 트렌드를 공부해서 이를 콘텐츠에 녹여 넣을 수 있다는 오만한 생각으로요. 하지만 세상이 변하고 콘텐츠 소비자들의 취향이 너무나 달라져 있는 것을 미처 몰랐습니다. 저도 비슷한 실수를 했고요.

　2015년 당시 저희 팀에 배정된 예산은 1억 5천만 원 정도였고, 그중 제작비로 쓸 수 있는 예산은 채 1억이 되지 않았습니다. 한 시간 정도 길이의 웹드라마 한 편을 제작하는 데도 당시 평균 1.5억 원의 예산이 필요한 상황이었음을 고려하면, 단 한 편의 웹드라마도 제작할 수 없는 예산이었습니다. 그런데 이미 웹드라마 사업은 추진해야 하는 숙제가 된 상황이었습니다. 저는 일단 웹드라마 제작사 대표들을 차례로 만났습니다. 그리고 그 만남을 통해 웹드라마 사업을 시작할 수 있는 실마리를 찾을 수 있었습니다.

제작사 대표들은 공통으로 당시 웹드라마 플랫폼을 거의 독점하다시피 한 네이버에 대한 서운함이 있었습니다. 있는 돈, 없는 돈 긁어모아 웹드라마를 만들어 네이버 플랫폼에 올려놓고, 웹툰 작가들이 성공한 것처럼 웹드라마도 콘텐츠로 성공하게 될 거라 굳게 믿으며 기다렸으나 현실은 달랐던 것이지요. 웹드라마를 그저 많은 콘텐츠 중 하나 정도로만 생각하던 네이버의 태도에 제작사들은 화가 나 있었습니다. 마음 같아서는 당장이라도 네이버에서 자신들의 웹드라마를 내리고 싶지만, 네이버 말고는 마땅히 노출할 만한 곳이 없는 게 현실이었지요. 당시 웹드라마의 유일한 수익 모델은 네이버 등 포털의 광고료였는데, 클릭당 1원 정도를 받고 있었습니다. 2014년 말 제일 많이 클릭 됐던 웹드라마가 300만 정도였으니, 1억 원의 제작비를 들여 만든 웹드라마의 광고 수익이 겨우 300만 원 밖에 안되었던 것이지요. 이것이 웹드라마 시장의 현실이었습니다.

이런 상황을 파악하고 난 후, 제작사 대표들에게 'KBS 웹드라마 프로젝트'를 기획해서 제안했습니다. 제안 내용은 간단하고 솔직했습니다. "KBS가 웹드라마 프로젝트를 추진하려고 하는데, KBS 홈페이지와 모바일 동영상 앱인 myK를 동원해서 여러분의 웹드라마를 적극적으로 마케팅하겠다. KBS와 웹드라마를 공동 제작하는 사업자로서 KBS의 브랜드를 활용할 수도 있다. 네이버 등 다른 포털들과는 다르게 KBS는 여러분의 웹드라마를 적극적으로 홍보하겠다."

이 제안에 공감하는 12개의 제작사를 모아 'KBS 웹드라마 협의체'를 만들었습니다. KBS 웹드라마 사업은 이렇게 시작되었습니다. 의미 있는 성공을 위해서는 제작비를 투자하여 직접 웹드라마를 만드는 것이 정석이었지만 예산이 부족했기 때문에, 제작비 투자 없이 마케팅과 홍보 등에 KBS 브랜드를 제공하고 일정 정도의 사업권을 확보하는 방식으로 KBS 웹드라마 사업을 시작해야 했습니다. 그나마 다행이었던 것은 편성을 담당하고 있던 선배들이 웹드라마 사업을 우호적으로 바라보고 KBS 1TV와 2TV에 새벽 시간이지만 〈KBS 웹드라마 스페셜〉이라는 이름으로 특별 편성을 해준 것이었습니다. 이후 점점 편수를 늘려 대략 20편 정도의 웹드라마가 KBS 홈페이지와 KBS의 모바일 동영상 앱인 myK에 올려지며 모양새를 갖출 수 있었습니다. 누가 봐도 제법 그럴싸한 웹드라마 사업이 진행되고 있는 것처럼 보였습니다.

하지만 웹드라마 프로젝트는 오래가지 못했습니다. 시선

을 끄는 데는 성공했지만, 지속 가능한 수익 모델을 만들어내는 것에 실패했기 때문입니다. 기존 TV 드라마의 수익 구조도 점점 어려워지고 있는 상황에서 웹드라마 수익 문제는 더더욱 풀 수 없는 난제였습니다. 게다가 방송사의 오랜 관행이 여전히 남아 있어 완벽하게 혁신적인 웹드라마를 제작하기도 쉽지 않은 도전이었습니다. TV 드라마의 경쟁력 회복이 우선이라는 정책이 결정되면서 웹드라마 프로젝트는 동력을 잃고 좌초하기 시작했습니다. 그리고 2016년 KBS 예능국에서 제작한 웹드라마 〈마음의 소리〉와 인기 그룹 'EXO'의 멤버 카이 씨를 주인공으로 한 디지털드라마 〈안단테〉조차도 반짝 인기를 얻는 것에 그치면서 웹드라마에 대한 시도는 위축되었습니다.

웹드라마 시장 도전은 사실상 미완으로 끝을 맺고 말았습니다. 빠른 판단으로 여러 가지 시도를 했지만, 결과적으로는 성공하지 못했습니다. 그렇지만 KBS의 이미지를 젊게 하고, 변화무쌍한 미디어 환경에서 KBS의 새로운 도전을 보여줄 수 있었다는 점에서는 큰 의미가 있었습니다. 3년 동안의 도전은 저에게 다음의 두 가지를 남겼습니다.

첫 번째, 내가 보유하고 있는 자원에 대한 정확한 이해와 판단입니다. 어떤 문제를 해결하기 위해서는 자신이 어떤 상태인지에 대한 명확한 분석이 선행되어야 합니다. 자신이 가진 장단점에 대한 분석을 통해 최적의 방안을 도출해내는 법을 내재화할 수 있습니다.

두 번째, 나의 비전을 응원해주고 함께해줄 동조자를 찾는 일입니다. 모든 일은 혼자 진행할 수 없는 법입니다. 나의 비전을 함께 공유하고 추진해줄 사람들이 있어야 꿈을 현실로 만들 수 있습니다. 웹드라마 제작부터 편성까지 수많은 동조자를 얻은 것은 제게는 값진 성과였습니다.

최근 〈스위트홈〉, 〈승리호〉 등 웹툰 원작을 영상화하여 넷플릭스 플랫폼으로 큰 성공을 거둔 드라마를 보면서 웹드라마가 지향해야 했던 것이 과연 무엇이었나를 생각하게 되었습니다. 새로운 기술로 스마트폰이 콘텐츠 소비의 중심 플랫폼이 되었고, 콘텐츠 소비 행태가 급변하여 넷플릭스 같은 OTT(Over-The-Top, TV 셋톱박스를 뛰어넘는다는 의미로 인터넷 동영상 콘텐츠 서비스를 말함)가 시장의 중심축으로 떠올랐지만, 여전히 콘텐츠가 성공하는 가장 큰 이유는 결국 콘텐츠의 품질에 있다는 것입니다. 웹드라마로 새로운 콘텐츠 소비층을 겨냥하려고 했던 시도에 빠져 있다 보니, 어떤 것이 기존의 콘텐츠와 견주어 소비자들의 선택을 받을 수 있는 더 좋은 콘텐츠인지, 그것을 어떻게 새로운 플랫폼에 맞추어 제공할 수 있는지 하는 기본적인 질문을 놓쳐버린 것이었습니다. 지금도 웹드라마가 콘텐츠 소비자들에게 큰 사랑을 받고 있지 못하는 것은 초기 언론에서 만든 적은 제작비로 잠깐 즐기는 스낵 콘텐츠라는 개념 때문이라고 저는 생각합니다.

좋은 콘텐츠, 재미있는 콘텐츠, 의미 있는 콘텐츠

이런 콘텐츠는 사랑받습니다. 그 시기가 지금이 아니라 양준일 씨의 경우처럼 10년이 넘게 걸린다 해도 좋은 콘텐츠는 콘텐츠 자체로써 평가를 받아 언젠가는 성공하게 됩니다. 새로운 플랫폼이나 혁신적인 기술은 기존에 없었던 기회를 만들어주는 것이지 콘텐츠 자체에 없는 경쟁력을 제공하지는 않습니다. 잘 만든 콘텐츠가 가장 중요한 요소인 이유가 여기에 있는 것입니다.

훌륭한 기획자(PD를 비롯한 작가, 스태프)의 아이디어와 트렌드를 읽는 예리한 눈 그리고 출연자들의 노력 등이 함께 모일 때 사람들이 흥분하는 콘텐츠가 만들어집니다. 이건 올드 미디어든 뉴미디어든 상관이 없습니다. 결국 재미있어야 하고, 감동이 있어야 사람들이 보고 입소문을 내는 것이지 단순히 미디어 때문이라고 보기는 어렵습니다.

저는 여전히 꿈을 꾸고 있습니다. 다시 공부하고 준비해서 새로운 도전을 기획하고 있습니다. 꿈꾸고 준비하는 사람에게 미래는 언제나 설레고 즐거운 도전입니다. 매일 아침 꿈을 꾸며 시작하고, 매일 밤 내일의 꿈을 그리며 잠을 청해봅니다.

8

좋은 스태프의 힘

영상 콘텐츠 제작을 위해서는 함께 작업할 스태프를 구성해야 합니다. 심지어 1인 크리에이터들도 함께하는 팀인 크루들이 있습니다. 영상 콘텐츠가 일정 수준의 품질을 갖추기 위해서는 좋은 스태프의 참여가 필수입니다.

최근 1인 미디어의 부상으로 혼자서도 콘텐츠를 제작할 수 있는 시대가 되었지만, 방송 등 프리미엄 콘텐츠의 창작 작업은 여전히 많은 전문가가 협업하는 시스템입니다. 방송사의 경우, 가장 단순한 제작이라고 하더라도 수십 명이 팀을 이

뭐 작업합니다. 1인 크리에이터의 경우에도 처음엔 혼자 작업을 시작했다 하더라도 몇십만 이상의 구독자를 확보하게 되면, 대부분의 경우 여러 명의 스태프가 구성되며 그들과의 협업으로 완성도 있는 콘텐츠를 제작합니다. 그리고 1인 크리에이터에게는 자신의 콘텐츠를 시청해주고 응원해주는 팬들과의 상호작용이 제작의 가장 중요한 요소가 되므로, 팬들이 1인 크리에이터의 스태프 역할도 한다고 볼 수 있습니다.

기본적인 영상 콘텐츠 제작의 경우를 살펴보면, 콘텐츠 기획안을 함께 만들고 구성안과 대본을 쓰는 작가들이 보통 1~3명, 연출 PD와 조연출(AD) 그리고 무대감독(FD), 진행 등이 있고, 여기에 가장 단순한 촬영이더라도 카메라맨, 카메라 보조, 오디오맨, 조명 등 최소 4명이 필요하고, 편집을 위한 1~3명 정도의 스태프와 영상 송출 담당 스태프까지. 방송 영상 콘텐츠 제작은 최소 15명 내외의 인력이 움직입니다. 1인 크리에이터의 경우에는 한 명의 스태프가 여러 가지 일을 함께 하기 때문에 이보다는 작은 규모이지만요. 그리고 스태프 중 누구 하나라도 자신이 맡은 업무를 제대로 수행하지 못한다면 모든 스태프가 힘든 상황을 겪게 되어 최종 결과물에도 안 좋은 영향을 미치게 됩니다. 드라마나 대형 예능 프로그램의 경우 참여 스태프가 이보다 몇 배 많은 백여 명에 달하기 때문에 스태프들 간의 관계는 최종 결과물을 만들어내는 데 있어 중요 요소 중 하나입니다.

그렇다 보니 영상 콘텐츠 제작자 대부분은 자신과 오랜 기간 호흡을 맞춰온 친숙한 스태프들과 일하는 것을 선호하고 자연스럽게 'OOO 사단'처럼 그룹을 형성하게 됩니다. 그래서 OOO 사단이 얼마나 뛰어난지도 결국 PD의 제작 역량을 보여주는 잣대라고 할 수 있습니다. 그동안 지상파 방송사인 KBS, MBC, SBS가 다른 제작사들에 비해 월등한 콘텐츠를 만들어온 것도 이러한 사단이 존재했기 때문입니다. 최근에는 지상파 방송사 PD들이 tvN이나 JTBC 등으로 이직하면서 같이 협업하던 스태프들도 함께 움직이게 되었고, 그러면서 방송 산업의 지형도 서서히 바뀌고 있습니다.

방송사 입사 후, 제가 처음으로 제작에 참여한 작품은 〈연예가중계〉였다고 말씀드렸지요. 보통 3~4명의 PD들이 아이템 선정과 취재 그리고 촬영 편집까지 준비합니다. 저도 조연출 시절부터 뉴스 아이템(보통 뉴스 '꼭지'라고 부릅니다)을 매주 2개 정도씩 제작했습니다. 당시 저는 신출내기 조연출이라

제가 직접 카메라맨이나 작가를 선정할 수는 없었지만, 외부 스태프인 조명 감독의 경우에는 저와 잘 맞는 분으로 직접 정할 수 있었습니다. 물론 처음에는 선배들의 권유로 여러 조명 감독을 경험해보는 시기가 필요했지만, 일정 기간을 거친 후에는 저 역시 제가 신뢰할 수 있는 조명 감독을 선정하고 그 분과 모든 촬영을 함께할 수 있었습니다. 그리고 연출 경력이 늘어나면서 작가나 카메라맨 등 다른 스태프들도 직접 선정할 수 있게 되었습니다. 이런 과정을 거치면서 PD들은 자연스럽게 자신과 호흡을 맞추며 일할 스태프들을 사단처럼 구성하게 됩니다. 영상 제작은 수많은 분야의 전문 스태프들이 협업해야 하므로, 이렇게 만들어진 견고한 'PD의 제작 스태프 시스템'은 콘텐츠의 질을 좌우하는 결정적인 요소로 작용합니다.

tvN 예능 프로그램 〈신서유기 외전〉 감독판의 엔딩 크레딧을 보면 PD가 나영석, 신효정, 장은정, 이진주, 양정우, 박현용, 정민경, 양슬기, 임경아까지 9명입니다. 그리고 작가는 이우정, 최재영, 김대주 등 무려 25명이고요. 그리고 이 이름들이 거의 그대로 tvN의 또 다른 예능 프로그램인 〈윤식당〉 엔딩 크레딧에도 등장합니다. 이들이 모두 각각의 프로그램에 한꺼번에 투입되는 건 아니지만, 나영석 PD는 "〈신서유기〉, 〈윤식당〉, 〈꽃보다 청춘〉, 〈삼시세끼〉, 〈강식당〉, 〈알쓸신잡〉 등 각각의 프로그램들을 각각의 PD들이 나누어 만들고 있지만, 그들이 한 팀이라는 걸 그 엔딩 크레딧에 담고 있는 것"이라고 말했다고 합니다. ('PD 9명에 작가 25명, 뭘 해도 되는 나영석 사단 큰 그림', 엔터미디어 정덕현 칼럼니스트의 글에서)

계속 강조하지만, PD가 좋은 콘텐츠를 만들어내기 위해서는 좋은 스태프들로 이루어진 제작 시스템을 보유하고 있어야 합니다. 위의 인용 글에서도 볼 수 있는 것처럼 최고의 주가를 올리고 있는 나영석 PD도 마찬가지이고요.

방송 제작에 일정 기간을 참여한 스태프들은 최소한의 능력치를 이미 검증받은 사람들입니다. 그들 중 누구와 일을 해야 하는가를 PD들이 선택할 때 가장 중요한 것은 신뢰입니다. 신뢰할 수 있는 사람들과 일할 수 있는 환경을 만들게 되면, 어려운 문제가 발생하더라도 해결책을 찾아내는 것이 즐거운 작업이 됩니다.

저는 함께 제작에 참여하는 스태프들을 전문가로 인정하며 믿고 맡기는 스타일입니다. 각 분야의 전문가들은 최대한

의 자율성이 보장될 때 최고의 결과를 만들어낸다고 믿기 때문에 제 생각이 다르다 하더라도 그 분야의 감독들 이야기를 먼저 듣습니다. 사실 콘텐츠 제작 책임자는 결정을 내려야 하는 자리이기 때문에 어느 정도는 독단적일 수밖에 없습니다. 그래서 경험이 많은 스태프들의 경우, 제작 책임자인 PD의 생각을 먼저 들으려고 합니다. 혹시 의견이 다를 경우에 서로 난감해하는 상황이 생길 수 있기 때문이지요. 그런데 저는 거꾸로 먼저 각 분야 감독들의 의견을 듣고 나서 제 의견을 거기에 보태는 방식으로 일합니다.

앞의 글에서도 잠깐 소개했던 〈보고싶다, 친구야〉라는 프로그램을 제작할 때의 일입니다. 이 프로그램의 매력은 '의외성'이었습니다. 다른 예능 프로그램에서는 섭외하기 힘든 유명 스타들이 자신의 친구 전화에 너무나 편한 복장으로 화장도 하지 않은 채로 나타나주는 진풍경(?)이 녹화 때마다 벌어졌고, 이러한 독특한 재미에 이 코너는 방송 몇 주 만에 화제가 되었습니다. PD는 출연자 섭외부터 현장의 카메라, 조명, 녹음 장비의 위치 그리고 출연자들의 동선 등 모든 것을 하나하나 결정하고 스태프들에게 이야기합니다. PD는 마치 모든 것을 이미 다 알고 준비한 사람처럼 행동해야 합니다. 혹시 빠뜨린 부분이 있더라도 임기응변으로 해결한 후에 이마저도 다 이미 준비했던 것처럼 멋진 연기가 필요하죠. 하지만 어떤 스태프가 좋은 아이디어를 낸다면 PD는 언제든 이를 받아들일 수 있는 유연성도 가지고 있어야 합니다.

당시 촬영은 카페를 섭외하여 카메라 7대를 배치하고 생방송처럼 밤 12시부터 2시까지 두 시간 동안만 녹화를 했습니다. 이 촬영에는 구성안을 준비하는 작가들이 2명이었고, 현장 진행 스태프들이 3명이었습니다. 촬영 감독은 5명으로 7대의 카메라 중 2대는 고정이 되어 카메라맨의 조작 없이 촬영되었습니다. 카메라 배치 계획은 7대의 카메라가 고정된 자리에서 각자 담당 출연자만 촬영하는 형태였는데, 가장 고참 카메라 감독이 영상이 좀 더 역동적이면 좋을 것 같다며 본인이 자리를 이동해 가며 촬영을 하겠다고 의견을 주었습니다. 저는 저보다 촬영 분야의 경험이 많은 그 선배 카메라맨의 의견을 받아들여 카메라 배치를 일부 수정하였고, 중요 장면은 그 선배의 카메라 한 대로만 촬영하는 방식을 적용해보았습니다. 실제로 촬영 후 편집을 하면서 확인해보니, 경험 많은 그 선배의 생각이 일부 장면에서는 더 좋은 영상을 만들어냈고 편집에서도 그 영상들을 적극적으로 사용했습니다.

　또, 이 프로그램의 하이라이트 부분인 친구가 카페에 등장하는 장면에 흐르던 음악은 스태프의 의견을 존중해서 더 좋은 결과를 만들 수 있었습니다. 음악 감독이 처음 권했던 음악은 제게는 많이 생소했고 그다지 좋게 들리지도 않았습니다. 제가 다른 음악으로 교체하면 어떻겠냐는 이야기를 했을 때 음악 감독은 잠깐 망설이는 듯했습니다. 다른 때에는 바로 제 의견을 수용했던 음악 감독이 이번엔 자신의 감을 믿어달라고 조용히 그러나 진지하게 입을 열었습니다. 솔직히 그 음악에 대한 확신이 없었지만, 음악 감독의 전문성을 믿기로 했고 찝찝했지만 음악 감독의 선택을 따라주었습니다. 그런데 방송 이후에 그 음악이 오히려 화제가 되고, 주변에서 좋았다는 얘기를 많이 들었습니다. 물론 이러한 저의 결정은 이미 음악 감독과의 두터운 신뢰가 있었기 때문이고, 그의 확신에 찬 모습에 제 생각을 바꿔도 되겠다 싶었기에 가능했던 것 같습니다.

　콘텐츠 제작과 관련된 모든 결정은 PD가 하고 책임도 PD가 집니다. 하지만 같이 호흡을 하는 전문가인 스태프가 자기 생각을 진정성 있게 전할 때는 생각이 다르더라도 받아들이는 것이 좋은 프로그램을 만드는 자세라고 생각합니다.

스태프 구성을 잘하는 방법

그렇다면 콘텐츠 기획자이자 제작자로서 나와 맞는 스태프를 구성하기 위해서는 어떠한 노력이 필요할까요?

첫째, 성공하는 사람이라는 이미지를 줄 수 있어야 합니다. 제작 스태프들은 콘텐츠 소비자로부터 사랑받을 수 있는 작품을 만들고자 모인 사람들입니다. 그들에게 가장 중요한 것은 이 과정 전체를 총괄하는 PD가 자신들이 함께하는 프로그램을 성공시킬 능력이 있는지입니다. 하지만 모든 프로그램이 다 성공할 순 없습니다. 그래서 콘텐츠 기획자이자 제작자인 PD는 성공하는 이미지를 스스로 만들어야 합니다. 저 PD와 함께하면 좋은 작품을 만들 수 있다는 믿음이 스태프들에게 생길 수 있도록 이미지 관리를 해야 합니다.

둘째, 참여 스태프가 각자 주인 의식을 가질 수 있도록 해야 합니다. 콘텐츠 제작에 참여하는 스태프들은 모두 각 분야의 전문가로 다년간의 경력을 보유하고 있습니다. 그들을 전문가로 인정해주고 각자의 분야에서 최고의 기량과 상상력을 발휘할 수 있도록 도와주어야 합니다. 만드는 콘텐츠가 스태프 모두의 것이라는 주인 의식과 스태프 간의 팀워크를 잘 관리할 수 있어야 합니다.

셋째, 콘텐츠 제작 참여 스태프 모두가 함께하는 가족 같은 분위기를 만들어야 합니다. 'OOO 사단'이라는 말을 들을 정도로 스태프 간의 분위기가 가족적인 것은 현장에서 큰 힘이 됩니다. 촬영 현장이나 회의하는 사무실 그리고 편집실 등 방송을 제작하는 모든 곳은 정신적으로도 육체적으로도 고된 일들이 많습니다. 그렇다 보니 서로서로 챙겨주면서 함께 있으면 기운이 나는 분위기를 만드는 것이 무척이나 중요합니다. 내가 일하는 곳이 힘들더라도 함께하는 스태프들의 분위기로 좋은 기분을 느낄 수 있어야 결과물도 멋지게 나올 수 있습니다.

성공적인 콘텐츠 제작을 자주 해내는 연출자의 경우 다소 성격이 괴팍하더라도 원하는 스태프들을 구성할 수 있습니다. 모두가 성공을 갈망하고 있기에, 결과가 좋으면 과정이 힘들어도 사람이 따르게 되는 것입니다. 하지만 언제나 성공할 수는 없습니다. 그렇기에 신뢰로 이어진 스태프들은 혹시 이번 작품이 잘되지 않더라도 다음을 기약할 수 있습니다. 이번엔 운이 따르지 않았지만, 다음에는 꼭 성공할 수 있다는 서로에 대한 믿음이 있기 때문입니다.

PD는 각 분야의 전문가들이 자기 일만 제대로 하면 멋진 콘텐츠가 나올 수 있다는 믿음을 스태프들에게 심어주어야 합니다. 저 사람의 결정과 판단을 믿으면 성공적인 작품이 된다는 확신이 있을 때 스태프들과 PD는 신뢰로 연결됩니다. 스태프들과 이런 끈끈한 믿음을 형성하기 위해서는 제작 과정 동안 모두가 즐거운 시간을 보낼 수 있어야 합니다.

9

세상에 없던 캐릭터 만들기

콘텐츠 소비자들에게 사랑받는 캐릭터를 창조하는 것이 성공하는 콘텐츠를 제작하는 가장 강력한 방법입니다. 지금까지 그 누구도 보여주지 않았던 새롭고 낯선 캐릭터는 콘텐츠에 강력한 흡입력을 주어 사람들을 열광시킵니다.

마블 세계관, 반지의 제왕 세계관, 스타크래프트 세계관 등. 대작 영화나 게임에서 우리는 '세계관'이라는 표현을 씁니다. 콘텐츠 창작자들이 상상으로 만든 세상이 콘텐츠 소비자에게 마치 진짜로 존재하는 세계처럼 느껴지기 때문인데요.

최근 좀비를 다룬 영화나 드라마가 많이 만들어지고 있습니다. 여러분이 〈킹덤〉이라는 넷플릭스 오리지널 드라마를 시청하고 있다고 상상해보십시오. 영상에 집중한 지 얼마 되지 않아 완전히 드라마에 몰입하여 눈을 크게 뜨고 긴장한 당신의 모습을 쉽게 발견할 수 있을 것입니다. 좀비라는 것이 세상에 존재하지 않는다는 것을 알고 있는 당신이지만, 어느새 영상 속 이야기에 완전히 빠져 긴장하고 있을 것입니다.

영화나 드라마가 아닌 예능 콘텐츠에도 세계관을 창조하고 그 안에서 세상에 없던 캐릭터를 만들어내는 작품들이 다수 등장했습니다. 그중 세상에 존재하지 않는 대형 펭귄 '펭수' 신드롬을 탄생시킨 〈자이언트 펭TV〉는 2020년 가장 주목받은 콘텐츠이자 TV 프로그램이었습니다.

〈자이언트 펭TV〉는 EBS에서 제작하는 유튜브를 겨냥하여 만든 TV 프로그램입니다. TV 프로그램인데 유튜브 플랫폼을 겨냥해 만든 콘텐츠라는 것이 독특합니다. EBS의 어린이 프로그램 제작 노하우와 새로운 플랫폼인 유튜브 감성을 결합하여 만들어진 콘텐츠로 2020년 최고의 히트작인데요. EBS 최초의 연습생이자 유튜브 크리에이터라는 설정의 대형 펭귄 캐릭터 '펭수'의 세계관을 재미있게 만들어가고 있습니다. 이 콘텐츠의 큰 성공으로 EBS는 '펭TV & 디지털스튜디오팀'이라는 별도의 팀을 만들기도 했습니다. 워낙 큰 인기를 얻은 덕분에 이 콘텐츠 하나로 EBS의 누적된 적자 문제를 모두 해결했다는 소문이 날 정도니 정말이지 대단합니다.

이 콘텐츠도 시작하자마자 바로 반응이 크게 있었던 것은 아니었습니다. 어린이용 콘텐츠로 제작된 펭TV에 열광한 소비자들은 아이러니하게도 어른들이었는데요. 그들이 펭수에 열광하기 시작한 계기는 바로 '〈EBS 아이돌 육상대회〉(이육대)'가 방영된 이후라고 합니다. 뚝딱이, 뿡뿡이, 뽀로로 등 EBS를 대표하는 인기 캐릭터들이 모두 참가한 이 대회가 방송된 이후 입소문을 타며 유튜브 구독자가 폭발적으로 증가하기 시작했습니다.

어린 시절의 뚝딱이, 뿡뿡이를 기억하는 2030세대는 기존에 자신이 알고 있던 캐릭터들과는 완전히 다른 펭수 캐릭터에 열광적인 반응을 보였고, '이육대'가 온라인에서 인기를 끌면서 펭수의 영상들도 관심을 받게 되어 대박 캐릭터가 탄생하게 된 것입니다. 펭TV를 만든 이슬예나PD는 "어린이들을 아기 취급하지 않는 어린이 프로그램을 제작하고 싶었다.

EBS는 아기일 때까지만 재미있는 채널이라는 편견을 부수고 싶었다. 오히려 부모님이 같이 보자고 조르는 프로그램을 만들어보자는 마음에 〈자이언트 펭TV〉를 기획하게 됐다"라고 인터뷰에서 밝히기도 했습니다. 그리고 "펭수도 프로듀스 101이나 아이돌 육상대회에 나가면 좋을 텐데, 라는 생각을 하다 보니 EBS에 이미 아이돌들이 있었다. 뚝딱이, 번개맨, 뿡뿡이, 짜잔형, 뽀로로 등 지금의 10대 20대들이 BTS에 열광하기도 전에 좋아했던 누군가의 첫 아이돌들. 펭수의 소속사 선배나 다름없는 이 캐릭터들을 한자리에 모아 육상대회를 펼치면 어떨까 하는 생각이 들었다. 이것이 EBS 아이돌 육상대회를 기획한 계기. 펭수가 대선배 뚝딱이와 함께 뛰는 모습, 번개맨이 양궁을 쏘는 모습을 상상하는 것만으로도 재미있어서 제작진들과 실컷 웃으며 즐겁게 구성 회의를 했다."라고 '이육대'의 탄생 비화를 밝히기도 했습니다. ('아육대' 부럽지 않은 'EBS 아이돌 육상대회' 탄생 비화, PD저널 이슬예나 EBS PD의 기고 글에서)

PD와 함께 작업하는 스태프 중 가장 가깝지만, 가장 많은 논쟁으로 밤을 지새우는 사람들이 바로 작가입니다. 작가들과 구성 회의를 해야 하는 순간이 되면, 조금 다른 능력이 필요한 상황으로 태세 전환이 필요합니다. 본격적인 제작 과정에 들어가기 전까지 모든 준비를 제대로 해줘야 하기 때문에, 기획 단계에서 공유된 아이디어를 구체화하는 구성 회의에서는 기획 회의 때보다 콘텐츠 제작 경험을 더 필요로 합니다. 아이디어를 영상물로 구체화하는 일이기에 PD와 작가의 실질적인 경험이 우선시되지요.

구성 단계에서는 기획 회의를 거쳐 나온 이야기 모두를 하나하나 시뮬레이션해봅니다. 아이디어 차원에서는 훌륭했지만 이것을 영상화하는 것이 너무 어렵거나 불가능할 수 있기 때문인데요. 제한 없이 쏟아낸 아이디어를 어떻게 촬영 가능한 구성안으로 정리할 것인가는 촬영 경험이나 제작 경험이 없다면 할 수 없는 일입니다. 그래서 많은 경험을 가진 메인 작가 1명과 이를 보조해줄 중간 작가 1~2명, 그리고 아이디어 작가 2~3명 정도로 작가 팀을 구성하는 것이 예능 프로그램에서는 일반적인 경우입니다. (프로그램의 특성이나 PD의 스타일에 따라 달라질 수는 있습니다.)

구성 회의는 콘텐츠 제작에 있어 가장 지난한 과정이라 할 수 있습니다. 이 단계에서 PD와 작가는 밤샘 회의를 하는 경우가 다반사죠. 자유로운 공상을 마구 이야기할 수 있었던 기획 회의와는 달리 구성 회의에서는 현실성이 없는 발언들은 지탄의 대상이 됩니다. 이제 아이디어를 좁혀서 현실 세계로 들어오도록 해야 하는데 그런 이야기들은 아무런 도움이 되지 않기 때문이지요. 누구도 하지 않았던 새로운 기획을 요구했지만, 그 구성은 현실적이고 논리적이어야 합니다. 한마디로 말해, 쉽지 않은 과제에 모두가 힘든 시간, 그것이 바로 구성 단계의 회의 시간이죠.

지루한 회의의 반복이 이어지고 모두가 지쳐갈 때쯤, 언제나 새벽 무렵에 좋은 아이디어가 나오곤 합니다. 그런데 다음 날 다시 보면 왜 이걸 좋은 아이디어라고 생각했는지 이해가 되지 않는 경우가 많은데요. 다들 너무 피곤하고 힘드니 새벽이 되면 웬만하면 좋다며 우리의 뇌가 거짓말을 하는 상황이 발생하는 것입니다. 이런 길고 긴 회의가 계속되어도 아이디어가 나오지 않으면, 프로그램을 만들어야 하는 촉박한 시간의 압박이 다가옵니다. 그런 경우 현실과 타협하여 차선책으로 프로그램 구성을 결정하기도 하지만, 마지막까지 최선의 구성안이라고 판단되는 것을 위해 밤새워 회의하는 것이 PD와 작가의 운명입니다. 이렇게까지 힘든 과정을 거쳐 콘텐츠 제작을 하는 이유는 다른 곳에서 다루지 않았던 새롭고 낯선 이야기와 캐릭터를 만들어내야 한다는 생각 때문입니다. 매주 수많은 아이템과 이야기 속에서 밤샘 회의를 해야 시청자에게 새롭고 낯선 이야기와 캐릭터를 전달할 수 있다고 생각하기 때문인데요. 좋은 콘텐츠를 만들기 위한 고된 과정은 콘텐츠 제작에서 피할 수 없는 숙명과 같은 것입니다.

제가 연출했던 시트콤 〈선녀가 필요해〉는 한국의 옛이야기에 나오는 '선녀' 캐릭터를 현재로 불러와, 현재 시대의 사람들과 부딪치도록 하여 발생하는 흥미로운 이야기를 그려보고자 기획된 작품이었습니다. 사실 그전까지 KBS에서 방영한 시트콤 중엔 시청자들의 머릿속에 각인될 만큼 크게 성공한 작품이 많이 없었습니다. 지금은 JTBC로 이직한 김석윤 PD의 작품 〈올드미스 다이어리〉 정도가 시청자에게 호응을 얻었다고 할 수 있었겠네요. 이런 이유로 시트콤 〈선녀가 필요해〉는 작품이 기획된 후에 편성이 확정되기까지 거의 1년 가까운 기다림의 시간이 있었습니다. KBS에서 시트콤이 성공할 수 있을 것인가에 대한 확신이 편성 담당자에게 부족한 상황이었기에 반대 의견이 많았고, 그래도 공영방송 KBS가 시트콤이라는 장르를 완전히 포기하면 안 되지 않느냐는 의견도 팽팽하게 맞서 있었습니다. 이런 지루한 의견 충돌의 시간이 1년 가까이 계속되다가, 시트콤 제작이 확정된 순간부터는 너무나 급하게 방송 준비를 해야 하는 상황이 전개되었습니다.

〈선녀가 필요해〉는 차인표, 심혜진, 황우슬혜 주연의 시트콤이었습니다. 극 중 심혜진 씨와 황우슬혜 씨는 인간 세상에 오게 된 선녀 캐릭터를 연기했는데, 기존의 고전적인 선녀 이미지를 바꿀 새로운 선녀 캐릭터를 만들고자 했던 것이 이 시트콤의 기획 의도이기도 했습니다. 시트콤 〈안녕 프란체스카〉의 신정구 작가와 함께 기획했던 이 작품에서 우리는 선녀를 현대화시켜 서양의 천사와 견줄 수 있는 캐릭터를 탄생시키고자 원대한 꿈을 꾸었습니다. 우리가 사는 지금 세상에 선녀가 갑자기 나타난다면 어떤 상황과 충돌이 발생할까 흥미로운 상상을 하며 선녀의 캐릭터 작업을 했던 시간은 힘들었지만 재미있었습니다. 주인공 차인표 씨의 캐릭터보다도 선녀 캐릭터에 더 애정을 가지고 고민을 많이 했었지요. 그런데 너무나도 갑작스럽게 신정구 작가가 급성 간염으로 고인이 되면서 시트콤 준비 작업이 위기에 빠졌습니다. 이미 편성이 확정되어 있었기 때문에 어쩔 수 없이 제작팀을 겨우 수습해 방송 준비에 들어갔고, 그때부터는 매주 5일 동안 방송이 될 내용물을 만들어야 하는 현실을 마주해야 했습니다.

시트콤은 일주일에 5일 동안 방송을 해야 제작비 대비 광고 등으로 흑자가 가능했기 때문에, 30분 분량의 대본 5개를 매주 만들어내야 했습니다. 그리고 1회 대본에 2개의 에피소드를 담는 것이 일반적이어서 매주 10개의 재미있는 이야기가 구성 회의 때 만들어져야 했는데요. 5명의 작가가 1주일에 하나씩 대본을 맡아서 매주 2개의 에피소드를 재미있게 써내야 했습니다. 시트콤은 PD를 중심으로 하는 공동 창작 시스템으로 제작되기 때문에, 1주일에 3일 정도 구성 및 대본 회의를 하면서 새벽 3~4시까지 밤을 새워 새로운 에피소드를 창작해야 했습니다. 회의에서 오는 피로감 그리고 제작에 대한 압박, 여기에 시청률로 인한 스트레스까지 너무나 힘든 제작 과정이 6개월 동안 계속되었습니다.

흥행을 좌우하는 캐릭터 만드는 법

캐릭터를 기획할 때 가장 중요한 것은 무엇일까요? 그것은 바로 관찰력입니다. 우리 주변에 있는 사람과 동물에게서 다른 사람들은 알아차리지 못하는 매력적인 부분을 찾아내는 눈을 기르는 것이 가장 중요합니다. 자주 쓰는 말투, 독특한 습관, 특이한 의상 등 매력적인 부분을 잘 찾아내어 콘텐츠 소비자들에게 어필할 수 있도록 새로운 조합을 만드는 것이 캐릭터 기획의 시작입니다.

관찰력을 바탕으로 캐릭터가 만들어지면 이제 그 캐릭터에 이야기를 추가해야 합니다. 스토리를 가진 캐릭터는 단순한 모방을 넘어서 스스로 성장하는 살아있는 주체가 됩니다. 언제 어디에서 태어났고, 부모님이 누구이고, 어린 시절에 어떤 경험을 했으며, 누구와 연애를 하고 있고, 직장은 어디인지 등의 아주 구체적인 이야기가 부여됩니다. 캐릭터 자체의 매력과 함께 캐릭터의 이야기에도 매력적인 요소가 담겨 있어야 하죠. 그리고 캐릭터의 이야기에는 그가 추구하는 목표가 설정되어야 합니다. 이루고자 하는 목표를 위해 성장해 가는 캐릭터의 모습을 보며 시청자들은 함께 응원하고 공감하는 마음이 생기게 됩니다. 나아가 추구하는 목표를 이루기 위해 노력을 하지만 캐릭터가 가진 약점이 있어서 이것이 갈등 요소로 작용하며 극적인 긴장감을 끌어올리는 것도 필요합니다. 즉, 캐릭터를 빛내주는 장점도 매력 요소지만 반대로 약점도 매력 요소로 작용하는 것이지요. 다소 주말 드라마 같은 이야기이긴 하지만, 똑똑하고 예쁘지만 집안이 너무 가난한 여주인공이 모든 걸 극복하고 결국은 사회적 성공과 사랑까지도 모두 성취해내는 모습, 이런 모습에서 콘텐츠 소비자들은 카타르시스를 느끼게 됩니다.

콘텐츠 소비자에게 사랑받는 캐릭터를 만드는 일은 성공하는 콘텐츠를 제작하는 중요한 과정입니다. 지금까지 그 누구도 보여주지 않았던 사랑스러운 캐릭터는 콘텐츠에 강력한 흡입력을 주어 사람들을 열광시킵니다. 이런 이유로 콘텐츠 기획에서 출연자 섭외와 캐릭터 설정이 점점 더 중요해지고 있습니다. 내가 창조해낸 콘텐츠 속의 세계와 캐릭터가 콘텐츠 소비자에게 매력적인 모습으로 다가갈 수 있는가를 고민하고 또 고민해야만 좋은 콘텐츠를 만들어낼 수 있습니다.

10

K콘텐츠 포맷 수출하기

K콘텐츠가 세계 포맷 시장의 기대주로 떠오르고 있습니다. 잘 만들어진 형식(포맷)의 프로그램은 시청자들에게 새로운 경험을 선사하게 되는데요. 혁신적인 포맷을 기획하고 이를 프로그램으로 만들어내는 능력이 점점 더 콘텐츠 제작자의 필수적인 능력이 되고 있습니다.

대표적인 한류 예능 콘텐츠인 SBS의 〈런닝맨〉은 해외에서의 인기가 웬만한 아이돌 그룹 이상입니다. 특히 중국과 동남아에서의 인기는 촬영 때 공항에 엄청난 수의 팬들이 모이는 것을 보면 실감할 수 있습니다. 예능 프로그램에 이 정도의 해외 팬덤이 형성된 것은 상당히 이례적인 현상입니다. 이런 해외에서의 인기 덕분에 〈런닝맨〉은 무려 100여 개가 넘는 나라에서 방영되었고 프로그램 포맷 수출로도 상당한 수익을 벌어들였습니다.

2014년 중국으로 포맷을 수출해 만들어진 〈달려라 형제(奔跑吧兄弟)〉는 방영 이후 중국 내 시청률 1위를 기록하며 효자 콘텐츠의 역할을 톡톡히 해냈습니다. 특히 중국 저장위성 TV에서 방영된 〈달려라 형제〉는 중국 전체에서 4%라는 경이로운 시청률을 기록하며 한국 예능 프로그램 포맷 수출에 불씨를 댕겼습니다. 〈런닝맨〉은 중국 외에도 대만, 태국, 중국, 홍콩, 일본, 싱가포르, 말레이시아, 인도네시아, 캄보디아 등에 수출되어 한국의 예능 콘텐츠가 세계 시장으로 진출하는 진정한 시발점이 되었습니다. 이후 다양한 프로그램들의 포맷 수출이 이루어졌지만 주로 중국과 동남아 지역에 국한된 것이 한계였지요. 그런데 MBC의 〈미스터리 음악쇼, 복면가왕〉(이하 복면가왕)의 포맷이 미국 시장에 수출되면서 한국 예능 콘텐츠 시장이 전 세계로 넓어지게 되었습니다.

〈복면가왕〉은 특수 제작한 가면을 쓴 스타들이 무대에 올라 노래 실력으로 대결하는 예능 프로그램입니다. 2015년 설 특집 파일럿으로 처음 방영이 되었고, 바로 정규 프로그램으로 편성되었습니다. 국내에서도 상당한 인기를 얻으며 좋은 반응을 얻고 있던 이 프로그램이, 한국 예능 프로그램의 시장을 획기적으로 넓히게 된 미국으로의 포맷 수출은 아주 우연한 사건으로 시작되었다고 알려져 있습니다. 태국에 포맷이 수출되어 현지에 맞게 변경된 프로그램이 방송되고 있었고, LA에 있는 태국 식당에서 식사를 하던 FOX 방송사의 프로듀서가 TV에서 방송되고 있던 태국판 〈복면가왕〉을 보게 되었다고 합니다. 이런 우연한 시청을 계기로 〈복면가왕〉의 포맷은 미국 주류 시장에 판매되게 됩니다. 그렇게 포맷이 판매된 미국판 〈복면가왕〉은 〈The Masked Singer〉라는 제목으로 2019년 첫 번째 시즌이 방송되자 미국 시장에서 시청률 1위를 기록하며 엄청난 성공을 거둡니다. 그리고는 유럽, 남미 등에도 포맷이 수출되어 여러 국가에서 자체적으로 〈복면가왕〉 프로그램을 제작하고 있으며, 어마어마한 로열티 수익을 벌어들이고 있습니다.

콘텐츠 포맷을 인정받고 저작권을 소유하려면 아이디어

와 표현 방식이 반드시 접목되어 있어야 합니다. 아이디어만으로는 권리를 보호받을 수가 없기 때문입니다. 그래서 포맷판매를 위해서는 특징적인 표현 방식이 존재해야 합니다. 영상의 자막, 음향, 음악, 세트 등 모든 구성 요소가 포맷의 일부입니다. 이제는 영상 콘텐츠 제작에 참여하는 모든 창작자에게 포맷 등 저작권에 대한 이해가 필수가 되었습니다.

1999년 5월 9일, 일요일 저녁에 처음 방송된 〈남희석, 이휘재의 한국이 보인다〉 기억하실지 모르겠네요. 당시 시대상을 반영하는 프로그램으로 오락과 공영성을 함께 추구하는 버라이어티 프로그램으로 기획되었습니다. KBS는 한국의 대표 공영방송이므로 예능 프로그램도 공익적인 부분이 있도록 제작을 하고자 다른 방송사에 비해 더 신경을 쓰는 편입니다.

물론 예능 프로그램에 있어 가장 중요한 부분은 '재미'입니다. 그러므로 공영방송 KBS의 PD들은 '재미'와 함께 '의미' 요소도 프로그램에 녹여 넣으려고 많은 새로운 시도를 합니다. 당시 인기 있었던 버라이어티 프로그램들은 스튜디오 MC를 두고 야외에서 촬영한 VCR 영상 편집물(코너)을 스튜디오 게스트 출연자와 객석 방청객들이 함께 보며 토크를 하는 것이 일반적인 형태였습니다. '보쳉과 부르노'라는 외국인이 한국의 이곳저곳을 배낭여행을 하며 겪는 모습을 보여주는 리얼리티 코너가 이 프로그램의 코너 중 가장 큰 사랑을 받았는데요.

당시 이 프로그램에 배정되어 있던 4명의 PD 중 막내였던 저는 '스타 정보 퀴즈쇼'라는 코너를 기획하고 연출했습니다. 이 코너는 퀴즈를 내고 틀리면 벌을 받는 콘셉트의 아이템으로 첫 촬영은 임창정과 김현주가 섭외되어 진행했습니다. 이 코너는 KBS 신관 공개홀 로비에 세트를 만들어놓고 촬영을 했습니다. 스튜디오가 아닌 공간에 세트를 세워서 촬영하려면 세트 맞은편에 카메라와 조명 등 촬영과 방송 녹화 장비가 준비되어야 합니다. 게다가 이 코너는 퀴즈를 맞히는 형식이어서 틀린 경우에는 벌칙을 주는 장치들이 세트에 장착돼 있었습니다. 상당히 복잡한 촬영이었죠. 물 분사기, 가스 분사기 등의 기계장치가 사람이 수동으로 작동하는 방식으로 준비되었지만, 방송에는 마치 자동으로 벌칙 기계들이 움직이는 것처럼 보이도록 해서 컴퓨터 게임 같은 느낌이 나도록 촬영과 편집에 신경을 썼습니다. 퀴즈를 맞히는 순간의 긴장감을 잘 살리기 위해 당시의 다른 촬영들과 비교해 꽤 많은 촬영 장비가 동원되었습니다. 소형 카메라 4대, ENG 카메라 1대, 화면 4분할기 1대, 베타 녹화기 2대, 6mm 녹화기 3대, 동시 녹음 장비, 야외 PA 장비, 조명 장비, 특수 효과 장치 등 야외 세트에 이렇게 많은 장비를 설치하고 촬영한 경우는 당시로써는 최초가 아닐까 합니다. 긴장감이 강조되는 새로운 그림을 위해서 편집에서는 2분할, 3분할, 4분할 화면을 만들고 PIP(Picture In Picture)를 사용하는 등 다양한 화면을 시도하기도 했고요.

그리고 편집본 영상에 음악·음향과 자막을 넣어 최종본 영상을 완성하는 '제작 편집' 부분에도 상당히 공을 많이 들인 작품입니다. 각각의 상황마다 어떤 소리를 넣을지, 그 소리는 어떻게 만들지, 다른 프로그램과는 다른 이미지를 소리로도 주기 위해 음향 담당 전문가와 제작 편집을 하면서 계속해서 소통했습니다. 프로그램의 1회 제작 편집에서 세팅된 효과음과 음악 그리고 자막 등은 프로그램이 계속 방송되는 경우 큰 변화 없이 지속되기 때문에 1회 제작 편집은 준비 기간도 길고 제작 편집 자체도 오랜 시간을 들여 작업을 합니다.

음악이나 자막의 경우도 프로그램의 이미지를 좌우하는 상당히 중요한 부분이기 때문에 제작 편집에서 정말 신경을 많이 씁니다. 제작 편집을 하는 과정에서 사람 얼굴만 오려내서 자막에 활용하면 좋겠다는 생각이 들어 자막 담당자와 상의한 후 즉흥적으로 만들어보았는데 꽤 괜찮은 모습이 나와서 계속 사용하게 되었습니다. 아마도 이런 방식은 이때 처음 시도된 것이 아닌가 싶습니다.

예능 프로그램에서는 이처럼 프로그램의 콘셉트와 이에 어울리는 세트, 조명, 음향, 음악, 자막 등 다양한 요소들을 적합하게 배치하여 새로운 형식(포맷)을 창조해내는 것이 중요합니다. 잘 만들어진 형식(포맷)의 예능 프로그램은 시청자들에게 새로운 시청 경험을 선사하게 되니까요. 새로운 포맷을 기획하고 이를 프로그램으로 만들어내는 능력이 예능 콘텐츠 제작자에게는 가장 필요한 자원입니다.

기록하는 습관으로 포맷 바이블 준비

'포맷 바이블(format bible)'은 특정 방송 프로그램 형식(포맷)에 대한 제작 과정의 노하우와 각종 관련 분야(음악, 세트, 의상, 자막 등)의 자료를 하나로 정리한 제작 매뉴얼을 칭하는 용어입니다. 방송 프로그램을 판매하는 방식 이외에, 포맷을 거래하는 것이 활성화되면서 방송 프로그램의 포맷을 해외로 판매하기 위해 만들어지는데요, 프로그램의 내용과 형식은 물론 무대 디자인, 프로그램 그래픽, 음악 등 제작과 관련된 모든 노하우가 담겨 있고, 여기에 예산안, 편성, 마케팅, 저작권, 캐스팅 등 프로그램 제작과 편성을 위한 모든 가이드라인이 포함되어 있습니다. 포맷을 구매하면 원래 프로그램을 만든 방송사(제작사)의 PD가 직접 파견을 가서 프로그램이 잘 만들어질 수 있도록 관리 감독도 해줍니다. 이렇게 포맷 수출로 파견을 가는 PD를 '플라잉 피디(Flying PD)'라고 부릅니다.

'포맷 바이블(format bible)'이 제대로 만들어지기 위해서는 제작 전 과정이 기록되어야 합니다. 기획 단계부터 회의하며 만들어진 모든 자료가 잘 관리돼야만 의미 있는 '바이블'이 제작될 수 있습니다. 이를 위해서 콘텐츠 제작자들은 자신의 생각과 함께 회의의 모든 내용을 메모하고 이를 문서로 관리하는 습관을 몸에 익히고 있어야 합니다. 완성된 콘텐츠뿐 아니라 프로그램을 만드는 제작 전 과정이 이제는 수익을 발생시킬 수 있는 중요한 자산인 셈입니다. 물론 가장 중요한 것은 제작된 콘텐츠가 성공해야 하는 것이지만, 제작 전 과정에 대한 기록을 잘 보관하는 것은 후배 콘텐츠 제작자들에게 노하우를 전수하고 포맷 판매를 위한 바이블을 만들기 위해 꼭 필요한 습관이라는 점을 명심해야 합니다.

11

출연자 섭외가 제작의 핵심

　출연자는 콘텐츠의 이미지와 분위기를 결정하는 핵심 요소로, 콘텐츠 소비자에게 가장 큰 홍보 마케팅 포인트가 된다는 점에서 너무나 중요합니다. 적합한 출연자 섭외가 콘텐츠 성공의 제1 요소라는 건 영상 제작자라면 누구나 인정하는 사실일 겁니다.

　〈아이돌스타 육상 선수권대회〉는 아이돌 스타들의 체육 대회 형식으로 MBC에서 명절마다 방송하는 특집 프로그램입니다. 이름이 너무 길어서 약어인 '아육대'가 더 자주 사용되고 있지요. 2010년 추석 명절 처음 방송된 이후에 반응이 좋아서 매년 설날과 추석 연휴에 편성되고 있습니다. 이 프로그램은 매번 방송 때마다 여러 가지 이유로 논란이 되곤 하는데요. 아이돌 출연자에 대한 팬들의 관심이 폭발적이기 때문입니다. 게다가 아이돌 팬들은 대부분 적극적으로 SNS를 활용하여 의견을 제시하는 편이라 항상 온라인상에서 화젯거리를 만들어냅니다. 이런 이유로 실제 프로그램 시청률이 그다지 높지 않은 것에 비해 온라인에서의 관심도는 상당히 높아 광고주들이 좋아하는 프로그램이기도 합니다.

이 프로그램 전에도 아이돌을 주요 출연자로 섭외한 콘텐츠들은 많이 있었습니다. 그런데 이 프로그램은 아이돌들의 대결이라는 소재를 잘 선정한 덕에 10년이 넘도록 관심을 받으며 제작되고 있습니다. 육상 등 체육대회는 객관적인 점수로 승패가 확실하게 드러나며, 예능에 소질이 있는 경우 대체로 체육에도 소질이 있기 때문에(그래서 예체능이라고 합쳐서 부르는 모양입니다) 아이돌들의 또 다른 매력을 적극적으로 뽐낼 기회로 활용되기도 합니다.

아이돌 육상대회라는 이름에 걸맞게 섭외를 하다 보니 활동 중인 대부분의 아이돌 그룹들이 총출동하는 형태로 제작이 되는데, 이런 특성으로 인해 이미 인기가 많은 아이돌 그룹과 신인 아이돌 그룹 간에 이해관계가 부딪치는 문제도 있습니다. 프로그램 제작진의 입장에서는 인기 있는 아이돌이 화면에 많이 나와야 하겠지만 인기 아이돌 입장에서는 부상의 위험이나 기존 이미지를 해칠 수 있는 스포츠 종목에는 출연하고 싶지 않을 수도 있습니다. 반대로 신인 아이돌의 경우에는 이 프로그램을 통해 대중에게 얼굴을 선보일 좋은 기회라고 생각합니다. 이런 이유로 신인 아이돌 그룹들은 서로 출연하려고 하는 반면, 인기 아이돌 그룹 멤버들은 출연을 망설이는 상황이 생깁니다. 방송사 입장에서는 출연료를 적게 들이고도 10대 팬들의 주목을 받을 수 있는 좋은 기획이기 때문에, 여러 가지 논란에도 불구하고 매년 꾸준히 편성을 하는 것입니다. 가성비가 아주 뛰어난 콘텐츠로 기획의 승리라고 할 수 있는 프로그램입니다.

제가 기획하고 연출했던 〈아이돌 특집, 사랑과 전쟁〉도 아이돌 캐스팅으로 크게 관심을 끌었던 프로그램 중 하나라고 할 수 있습니다. 한때는 KBS의 대표 프로그램 중 하나였지만, '불륜 드라마'라는 멍에를 안게 되면서 계륵이 되어버린 〈사랑과 전쟁〉.

1999년에 시작된 이 프로그램은 이혼의 급증이라는 당시의 시대 상황을 반영한 상담 프로그램으로 시작한 것이, 큰 사랑을 받게 되면서 점차 자극적인 사례가 중심이 된 드라마 형식으로 안착이 되었습니다. 제가 이 프로그램 제작에 배치된 2013년에는 프로그램의 대대적인 변신이 요구되고 있던 시기였습니다. 충성도 높은 시청자를 많이 확보하고 있었지만, 자극적인 불륜 소재로 좋지 않은 이미지가 생겨버렸고, 이런 이유로 높은 시청률에도 광고가 적게 팔려 회사에서 고민이 많았던 프로그램이었죠. 당시 금요일 저녁 시간 시청률 1위였던 이 프로그램은 변화가 필요했습니다.

시트콤 〈선녀가 필요해〉 등 기존에 이미 3편의 시트콤 제작에 참여한 전적이 있기 때문에, 저에게 드라마 형식의 〈사랑과 전쟁〉은 연출 면에서 보자면 특별할 것은 없는 프로그램이었습니다. 하지만 항상 새로운 도전에 흥미를 느끼던 저는 변화라는 숙제가 있어서 오히려 더 열심히 프로그램에 몰입할 수 있었습니다. 파격적인 변화를 줄 수 있는 아이디어를 고민하고 또 고민했습니다. 이런저런 고민 끝에 제가 낸 아이디어는 아이돌이 주인공인 젊은 부부나 연인들의 이야기를 담은 〈아이돌 특집, 사랑과 전쟁〉이었습니다.

제가 주목한 것은 아이돌이 가진 홍보력과 마케팅 파워였습니다. 강한 고정적인 이미지를 가지고 있던 〈사랑과 전쟁〉에 새로운 변화가 생긴다는 것을 사람들에게 홍보하려면 프로그램을 압도할만한 그 '무엇'이 필요하다고 생각했습니다. 그리고 '아이돌'이 가진 젊고 역동적인 이미지가 새로운 변화를 보여주기 적합하다고 생각했습니다. 재미있는 시도라고 판단이 되었는지 제작 승인도 바로 받을 수 있었습니다. 그런데 문제는 섭외였습니다. '불륜 드라마'라는 이미지를 가진 프로그램에 아이돌들이 출연하기를 꺼렸던 것이었는데요. 좋은 아이디어라며 섭외에 도움을 주겠다던 선배 PD들도 섭외가 쉽지 않음을 경험하고는 나 몰라라 하는 상황이 돼버렸습니다. 결국 제가 모든 일을 해결해야 했고, 섭외를 위한 힘든 설득 작업이 시작되었습니다.

기존의 〈사랑과 전쟁〉과는 전혀 다른 젊은 청춘들의 사랑 이야기를 다루는 특집이라는 것이 저의 설득 포인트였습니다. 그리고 연기를 하고 싶어 하는 아이돌 입장에서는 주인공을 할 수 있는 최고의 기회라는 것을 강조하며 매니저들을 한 명 한 명 설득했습니다. 쉽지 않은 설득 작업을 거쳐 저를 믿어주는 매니저들을 찾을 수 있었고, '제국의 아이들'의 멤버

동준 씨와 '쥬얼리'의 예원 씨 그리고 '포미닛'의 지현 씨가 주인공으로 섭외되어 〈아이돌 특집, 사랑과 전쟁〉은 촬영을 시작할 수 있었습니다.

〈아이돌 특집, 사랑과 전쟁〉의 제작발표회 장소에 모인 엄청난 취재진의 규모가 당시 이 독특한 기획에 대한 사람들의 관심이 어떠했는지를 단적으로 보여주었는데요. 이런 뜨거운 반응은 방송 이후에도 한동안 계속되었습니다.

〈아이돌 특집, 사랑과 전쟁〉은 기존 〈사랑과 전쟁〉이라는 프로그램이 가진 부정적인 이미지를 조금이나마 벗어보려는 취지였기에 아이돌 연기자가 주인공을 맡고, 신혼의 이야기를 소재로 아름다운 영상을 담기 위해 노력했습니다. 소품이나 의상을 가능한 최신 트렌드에 맞춰 준비하려 했고, 영상의 구도도 신경을 많이 써서 촬영하려고 촬영 감독과 많은 논의를 했습니다.

이런 준비와 노력 때문이었는지, 1편 방송 이후 언론의 호평이 있었습니다. 이에 힘입어 〈아이돌 특집, 사랑과 전쟁〉은 2013년 2월 1편이 방송된 후, 2013년 5월에 2편이 '레인보우'의 고우리 씨와 '엠블랙'의 지오 씨를 주인공으로 다시 방송

되었습니다. 그리고 로봇 연기로 화제를 모으며 장수원 씨를 다시 스타로 만든 3편은 9월에 '걸스데이'의 유라 씨와 '제국의 아이들'의 문준영 씨 등이 같이 출연했습니다. 거의 3개월에 한 번꼴로 아이돌 특집이 기획되어 제작되었습니다.

기성 연기자들과의 드라마 작업과 비교하면 아이돌 특집은 몇 배 정도 고민하고 준비할 것이 많은 작품이었습니다. 아무래도 연기 경험이 많지 않은 아이돌 출신 출연자들은 열정은 넘치지만, 연기 면에서 아쉬운 부분이 많을 수밖에 없었지요. 안정적인 연기를 기대하는 것이 무리인 경우가 많았습니다. 하지만 기존 프로그램의 타성을 깨고 뭔가 변화하려는 이미지를 만들기에는 아이돌 특집만 한 기획은 없었습니다. 그런 이유로 여러 가지 면에서 힘들고 준비하는 모든 과정에서 어려움이 많았지만, 하나하나 만들어가는 재미와 해냈다는 뿌듯함이 큰 작품들이었습니다. (물론 아이돌 특집도 〈사랑과 전쟁〉의 이미지를 완전하게 바꾸는 것은 성공하지 못했습니다. 잠시 호기심을 일으킨 해프닝 정도로 서글프게도 금세 잊혀 갔지요.)

아이돌 출연자를 전면에 내세우는 콘텐츠와는 반대로 〈불타는 청춘〉과 〈박원숙의 같이 삽시다〉 같은 프로그램의 경우에는 장년층 이상의 출연자를 섭외하여, 콘텐츠의 이미지를 또 다르지만 명확하게 시청자에게 전달하고 있습니다. 아이돌 팬층이 적극적인 성향을 가지고 있는 것은 사실이지만, 요즘은 예전의 스타들을 좋아하는 중장년층 팬들의 콘텐츠 소비도 상당히 활발한 편입니다. 게다가 스마트폰의 활용이 60대 이상 소비층에도 일반화되면서 자신의 기호에 맞는 콘텐츠를 모바일을 통해 적극적으로 홍보하는 경향도 점차 커지고 있습니다.

제가 프로듀서를 맡고 있는 〈박원숙의 같이 삽시다 3〉의 경우에도 방송이 나갈 때마다 실시간 검색어 순위 10위권에 주요 출연자들의 이름이 오르며 온라인에서의 관심도 꽤 뜨거운 편입니다. 모두가 60이 넘은 나이의 출연자, 화려했던 전성기를 지나 인생 후반전을 준비하는 그녀들의 모습을 보여주고 있는 이 프로그램은 새로운 가족의 의미를 제시하며 실버 세대가 지닌 솔직한 고민을 엿본다는 취지로 제작을 하고 있습니다.

시즌 3에 출연하고 있는 박원숙, 혜은이, 김영란, 김청 씨 이렇게 4명의 출연자들은 과거 최고의 인기를 누렸던 스타였고 긴 세월 동안 여러 난관을 거치며 굴곡 많은 삶을 살아온 분들입니다. 저는 그녀들의 인생 자체가 바로 콘텐츠라고 생각하고 그들의 자연스러운 모습을 최대한 연출을 자제하며 보여드리려 하고 있습니다. 이 프로그램 역시 출연자가 곧 콘텐츠의 내용과 이미지를 결정하는 가장 중요한 요소입니다. 제작진은 출연자를 선정하는 과정에 신중을 기하고 있으며, 출연하는 스타들도 본인이 과연 이 프로그램에 어울릴 것인가를 상당히 고민하여 선택을 합니다.

프로그램의 출연자 섭외는 그 콘텐츠 자체의 분위기를 결정하고 콘텐츠 소비자에게 가장 큰 홍보 마케팅 포인트를 확정한다는 점에서 너무나 중요한 결정입니다. 적합한 출연자 섭외가 콘텐츠 성공의 중요 요소라는 건 제작자라면 누구나 인정하는 사실입니다. 이런 이유로 콘텐츠 기획자들은 평소에도 출연자 관리를 하며 그들과 좋은 관계를 유지하려고 노력하는 것이 필요합니다.

출연자 관리를 잘하는 법

콘텐츠 제작자들의 출연자 관리는 조연출 시절부터의 인연으로 시작되는 경우가 많습니다. 조연출 시절 함께 고생하던 출연자들과 공감대가 만들어지고 그런 인연을 잘 관리한다면, 조연출이 콘텐츠 전체를 책임지고 제작하는 연출자가 됐을 때, 같이 작품을 할 수 있는 섭외가 자연스럽게 이루어집니다. 그래서 인기 스타 섭외가 콘텐츠의 경쟁력을 좌우하는 요즘 환경에서 조연출 시절부터 친화력을 잘 발휘했던 PD들은 능력자로 인정받고 있습니다. 인기 스타가 된 출연자들 입장에서도 자신이 큰 인기를 얻지 못했던 시절부터 좋은 관계를 맺었던 연출자에게 더 끌리는 건 인지상정이라고 할 수 있습니다. 그래서 한번 맺은 인연을 잘 관리하기 위해 출연자의 개인적인 행사에 자주 찾아가서 친밀감을 높이는 콘텐츠 제작자들이 상당히 많습니다. 결혼식이나 장례식 같은 중요한 행사 이외에도 아주 사적인 모임을 만들어 관계를 더 긴밀하게 하려고 노력하기도 합니다.

물론 단순히 오래된 인연이라는 것만으로 마음먹은 대로 섭외가 되는 건 아닙니다. 사실 인기 스타 주변에는 그를 섭외하려는 사람들이 너무도 많으니까요. 그래서 친화력과 함께 출연자들에게 함께하면 성공하는 작품을 만드는 콘텐츠 제작자라는 인식을 심어주는 것이 중요합니다. 스타 PD로 알려져 있는 몇몇 연출자들에게는 오히려 많은 출연자들이 함께 일을 하고자 하는 희망을 공개적으로 밝히기도 합니다. 아무리 인기 있는 출연자라도 자신이 섭외된 콘텐츠가 실패하면 미래가 불투명해질 수도 있으니 친한 인연보다는 콘텐츠 제작 능력이 섭외에서 더 중요시 될 수밖에 없습니다.

결국은 성공하는 콘텐츠를 제작하는 것이 가장 확실한 출연자 관리 방법이겠지만, 제작하는 콘텐츠가 항상 잘 될 수는 없는 것인 만큼 평소에 좋은 인연을 맺고 함께 일하면 즐거운 사람이라는 이미지를 주는 것이 더 중요합니다. 이왕이면 두 가지 모두를 인정받을 수 있다면 더할 나위가 없겠지요.

12

임기응변 또한 좋은 콘텐츠

콘텐츠 제작 과정에는 언제나 돌발 상황들이 발생합니다. 이러한 돌발 상황에 대처하는 능력은 콘텐츠 제작에 참여하는 사람들에게 아주 중요한 소양입니다. 출연자의 경우, 돌발 상황에서의 애드립이 인기의 요인이 되기도 하지요. 때로는 돌발 상황에서의 임기응변 자체가 좋은 콘텐츠가 되기도 합니다.

'허팝'은 1세대 유튜브 크리에이터입니다. 국내에 유튜버가 막 생겨나던 시점에 생활에서 쓰이는 각종 도구나 음식을 가지고 창의적인 실험을 하는 콘텐츠로 인기를 끌었습니다.

당시에는 인기 유튜버들이 주로 게임과 관련된 방송을 많이 했던 터라 허팝의 콘텐츠는 독특한 장르였다고 할 수 있겠습니다. 이제 그는 3백만이 넘는 구독자를 보유한 국내 10위권의 스타 유튜버로 자리 잡았습니다.

허팝이 초기에 인기를 얻게 된 것은 B급 실험 콘텐츠 때문입니다. 사람들이 머릿속으로 상상만 해보고 쉽게 도전하지 못하는 것들을 시청자 대신 허팝이 해보였습니다. 호기심 해결을 위해 무조건 해보는 허팝의 저돌성은 콘텐츠의 재미였고, 사람들은 그걸 보고 대리만족하게 된 것이지요. 헬륨 풍선들을 연결해 패러글라이딩을 하는 것처럼 하늘을 날기도 하고, 학교 교실을 볼풀공으로 가득 채워보기도 하는 등…. 어른에게도 동심을 불러 일으킬 만한 콘텐츠를 제작했습니다. 실내에서 하기 힘든 넓은 공간이 필요한 실험을 위해서 '허팝 연구소'라는 이름의 공간을 마련해 실험을 시도하기도 했습니다. 실험했지만 실패한 경우에도 그 장면을 그대로 콘텐츠화해서 공개해 도전만으로도 괴짜 실험들이 의미를 가질 수 있다는 점을 보여주었습니다.

콘텐츠가 항상 기획안의 구성대로 아무 문제 없이 제작되면 예능에서는 큰 재미 요소가 없어지는 것과 같습니다. 계획대로 되지 않는 돌발 상황이 발생하고, 그런 상황에서 출연자가 어떻게 행동하는지가 콘텐츠를 보는 시청자에게 재미와 웃음 그리고 감동을 주게 되는 경우가 많습니다. 그래서 요즘 예능 프로그램 중에는 대본 없이 리얼리티를 강조하는 콘셉트의 콘텐츠들이 사랑을 많이 받고 있습니다. 허팝의 실험 콘텐츠도 그가 실험하면서 실패하며 보여주는 모습이 사람들에게 더 애정을 가지고 콘텐츠를 소비하도록 하는 요소로 작용을 하고 있습니다.

그는 유튜브 콘텐츠 상에서 장난스럽지만 바른 사나이 같은 모습을 함께 보여주고 있는데요. 초대형 실험 콘텐츠를 제작할 때는 안전을 강조하며 혹시 따라 할 수도 있는 시청자들에게 진심 어린 조언을 합니다. 콘텐츠 곳곳에 안전 멘트를 넣고, '안전주의' 문구를 삽입해 함부로 따라 하지 말 것을 여러 차례 당부하고 있기도 합니다.

이런 모습 때문에 그의 이미지는 긍정적인 면이 많습니다. 그리고 하나 더, 허팝이 인기 있는 또 다른 이유는 바로 '선한 영향력' 때문입니다. 그는 기부를 주제로 한 영상을 많이 제작하는 것으로도 유명한데요. 1,004만 원어치의 쇼핑을 하여 이를 통째로 사회복지시설에 기부하거나, 유기견 입양을 주제로 만든 영상 수익금으로 유기견 500여 마리가 먹을 수 있는 한 달 치 사료를 기부하는 콘텐츠를 만들기도 했습니다. 기부를 재미있고 즐거운 문화로 인식시키기 위해 영상 콘텐츠를 만들고 있다고 밝힌 그는, 처음에는 팬들을 위한 나눔으로 기부를 시작했다가 점점 그 범위를 넓혀 이후에는 어려움을 겪고 있는 이웃들에게 기부하는 모습을 콘텐츠로 만들어 선한 영향력을 실천하고 있습니다.

저도 기부를 주제로 한 프로그램의 PD로 2년 정도 참여를 한 적이 있습니다. KBS 1TV에서 방송되었던 〈사랑의 리퀘스트〉는 불우한 사연의 이웃들을 찾아가 취재하여 VCR을 통해 소개하고, 이들을 위한 성금을 스튜디오 생방송 중에 모금하는 형식이었습니다. 사연 소개 VCR마다 연예인이나 유명인이 함께 출연하고, 스튜디오에는 가수들이 나와 노래를 부르는 형식의 프로그램입니다.

이 프로그램의 가장 큰 특징은 방송 중 화면에 표시된 전화번호로 전화를 걸면 자동으로 1,000원(나중에는 2,000원으로 변경)이 모금된다는 점입니다. 그리고 화면 왼쪽 상단에 실시간으로 집계된 모금액 총액을 표시하여 시청자들에게 매회 모금액을 공개했습니다. 이런 전화 ARS 모금 방식을 TV 프로그램에 도입한 것은 〈사랑의 리퀘스트〉가 처음으로, 라디오에서 사용되던 전화 모금 방식을 TV 프로그램의 기부금 모금에 적용한 첫 시도였습니다. 처음 방송이 되었을 때 반응이 무척 폭발적이었습니다. 1,000원이라는 소액을 기부하는 것이라 부담이 적었고, 전화 한 통만 하면 기부가 되는 간편한 시스템이었기 때문에 방송을 보고 많은 시청자들이 전화를 걸고 기부에 참여했습니다. 그리고 한 사람 한 사람의 작은 기부가 모여서 큰 금액이 되는 것을 눈으로 바로 확인할 수 있어서 시청자 모두 크고 의미 있는 일을 해냈다는 자긍심을 주는 프로그램이었기에 호응이 더 좋았던 것이죠.

타인의 고통을 공개하고 모금하는 것에 대해 거부감을 나타내는 분들도 계셨지만, 도움이 필요한 분들에게 도움을 전하는 것을 공영 방송의 사회적 책무라 여기고 열렬히 응원해준 시청자분들도 계셨기에 17년 동안 방송될 수 있었다고 생각합니다. 17년 역사 동안 MC는 여러 번 바뀌었는데, 저는 김병찬 아나운서와 김경란 아나운서와 함께 일을 했습니다.

2004년 12월 25일 성탄 특집에는 당시 대통령이던 고 노무현 대통령이 출연했습니다. 2004년 당시 이 프로그램에는 4명의 PD가 있었고, 제 위로 선배 PD가 한 분 계셨습니다. 통상적으로는 선배 PD가 전체 프로그램 연출을 담당하고, 나머지 후배 PD들이 프로그램 내 각 코너나 파트를 하나씩 맡아서 연출하는 것이 일반적입니다. 그런데 당시에는 어찌 된 일인지 선배 PD가 저에게 프로그램 전체 연출 기회를 주었습니다. 그리고는 제 아이디어대로 진행할 수 있도록 전적으로 도움을 주었습니다. 조직에서 일하면서 선배나 후배 그리고 동료 등 함께 일하는 사람을 잘 만나는 것만큼 큰 행운은 없는 것 같습니다. 선배의 양보로 의미 있는 대형 프로그램의 연출 경험을 할 수 있게 되었는데요. 그 선배가 왜 그랬는지는 선배도 제게 따로 이야기한 적이 없고, 저 역시 묻지 않아 잘 모르겠지만 추측하건대 저의 성격이나 연출 스타일이 이 프로그램과 잘 맞는다고 믿어주었기 때문이 아니었나 싶습니다.

대통령이 〈사랑의 리퀘스트〉에 출연한 전례는 이미 있었기 때문에 아주 특별한 일은 아니었습니다. 저는 그동안 출연한 대통령들과는 다르게 야외 촬영을 제안했습니다. 통상 대통령이 TV 프로그램에 출연하게 되면 경호상의 이유로 야외 촬영은 하지 않고 생방송 스튜디오에만 출연하는 것이 일반적입니다. 그런데 노무현 대통령과는 그 관례를 깨고 처음으로 야외 촬영을 할 수 있었습니다. 대통령도 다른 출연자들과 똑같이 어려운 이웃을 찾아가서 야외 촬영을 하고 생방송 때 스튜디오에 나와 그 출연자에 대해 이야기를 하는 것이 좋겠다는 연출팀의 주장을 받아들인 것이죠. 처음에는 전례가 없던 일이라 청와대에서 며칠을 고민했습니다. 그러나 결국 프로그램의 기존 형식을 따라주는 것이 시청자에 대한 예의라는 연출팀 의견에 청와대 비서진들이 호응해주어서 대통령을 모시고 진행하는 야외 촬영이 성사될 수 있었습니다.

프로그램의 전체 연출과 함께 대통령의 야외 촬영도 제가 현장을 맡았습니다. 야외 촬영 현장에서 처음 대통령을 뵐 수 있었는데, 노무현 대통령의 소탈하고 친근한 이미지는 지금도 기억이 납니다. 함께 일하는 사람을 편안하게 해주는 독특한 내공을 가진 분이었죠. 촬영 현장에 대통령이 도착하자마자 비서진이 제게 건넨 첫 마디가 "이제 지금부터는 PD님이 책임자입니다"였습니다. 그 이야기에 힘을 얻어서였는지 촬영 내내 마음 편히 연출 지시를 할 수 있었습니다. 대통령께서도 저의 연출 의도를 잘 따라주셨고요. 생각해보면 VIP를 모시고 하는 촬영이다 보니 쉽지 않으리라는 것이 일반적인 선입견이 있지만, 당시 분위기가 좋아서 그랬는지 큰 문제 없이 진행할 수 있었습니다. 덕분에 저는 대통령에게 연출 지시를 하는 누구도 하기 어려운 독특한 경험을 할 수 있었습니다.

사실 이렇게 긴장감이 덜 한 상태에서 진행할 수 있었던 것은 대통령과 청와대의 배려도 있었지만, 무엇보다 촬영 전 답사를 통해 미리 모든 상황을 점검하고 연출 콘티를 만들어 둔 것이 더 중요했습니다. 어떤 일이든 미리 준비하는 습관을 지니고 있다면 현장에서 당황하지 않고 일을 진행해 나갈 수 있는 법입니다.

이후 1주일 뒤 성탄절 특집. 드디어 생방송으로 실내 스튜디오 촬영도 시작되었습니다. 야외 촬영 때 대통령을 한번 뵈었기 때문에 조금은 더 편안한 분위기 속에서 촬영을 할 수 있을 거로 생각했습니다. 하지만 스튜디오의 분위기는 전혀 그렇지 않더군요. 많은 사람이 모이는 스튜디오 공간이다 보니 경호팀의 눈빛이 예사롭지 않았습니다. 사전에 청와대 경호팀과 KBS 청원 경찰팀이 모여 회의를 할 때도 마치 전시 태세를 준비하는 것 같았습니다. 아무튼 상황은 이렇게 엄중하였지만, 저는 연출에만 온 신경을 쓰느라 혼자 딴 세상에 있는 사람 같았습니다.

드디어 대통령 내외분이 방송국에 도착하고, KBS 사장과 본부장들이 의전을 위해 기다리고 있다가 대통령을 맞이했습니다. 하지만 담당 PD인 저는 스튜디오 준비로 대통령과 직접 만나지도 못했습니다. 생방송 큐 사인 직전 대통령 내외분께 대본 설명을 PD가 직접 해야 하지만, 이날은 대통령 의전을 담당했던 방송국 윗분들에게 그 역할을 맡기고 저는 스튜디오와 부조종실을 열심히 뛰어다니기 바빴으니까요. 무대 세트며 소파와 의자 같은 소품 하나, 출연자들이 앉거나 서는 위치 등……. 이 모든 것을 완벽하게 세팅해 두어야 별 탈 없이 진행을 할 수 있기 때문에 평소보다 더 점검에 만전을 기할 수밖에 없었습니다. 사실 이날만큼은 대부분의 스태프가 작은 의사 결정 하나까지도 제게 미루고 있다는 것을 느낄 수 있었습니다. 그 상황을 뚫고 나가기 위해서 저는 평소보다 더 빠른 의사결정을 해야 했습니다.

방송은 중반이 넘어갈 때까지만 해도 너무나 순조롭게 진행되었습니다. 스태프들은 저마다 전문가답게 방송이 시작되자마자 맡은 역할을 잘해주었고요. 생방송은 계획한 대로 잘 마무리되는 것처럼 보였습니다. MC였던 김병찬 아나운서가 갑자기 대본에 없는 질문을 하기 전까지는 말이지요. 제 기억에 그 질문은 그리 어렵거나 의미가 담긴 질문은 아니었던 것 같습니다. 지금 기억하지 못하는 것을 보면. 지금 기억나는 건 대본에 없는 질문에 노무현 대통령이 당황했던 표정입니다. '어, 이건 뭐지?' 하는 표정이 잠깐 나타났다 달변가답게 임기응변으로 잘 상황을 넘겼던 기억이 납니다. 그런데 상황을 더 꼬이게 만든 건 김병찬 아나운서 본인이었습니다. 예정에 없던 질문을 하고 나서 수습을 한답시고 다시 대본에 없는 이야기를 했고, 여기에 대통령이 답을 하고 하다 보니 9시까지 끝내야 하는 방송 시간이 점점 길어지고 있었습니다.

대통령의 마지막 이야기가 시작되었을 때는 이미 프로그램이 끝났어야 할 시간이었지만, 누구도 방송을 중단시킬 수가 없었습니다. KBS 1TV는 9시 뉴스는 반드시 9시 정각에 시작해야 한다는 불문율이 있는데, 앞선 프로그램이 제시간에 끝나지 않으면 9시 뉴스가 정시에 방송되지 못하는 초유의 사태가 발생하는 것이지요. 지금은 9시 뉴스가 스포츠나 다른 중요 이벤트로 인해 다소 늦게 방송되는 경우가 꽤 있지만, 당시 분위기는 이건 반드시 지켜야 하는 법과 같은 것이었습니다. 하지만 어렵게 모신 대통령이 국민에게 복지 정책에 대한 소신을 말하는 것이 9시 뉴스가 정시에 시작하는 것보다 더 중요하다고 판단한 저는, 프로그램을 끊지 않고 계속 진행시켰습니다.

다급해진 기술 스태프들과 주조정실 담당자의 절규에도 불구하고 방송은 제시간을 10여 분이나 넘기고서야 끝이 날 수 있었습니다. 이 위기의 순간을 저는 당황하지 않고 모두 스태프와 함께 잘 처리했다고 생각합니다. 상황을 옆에서 지켜보며 도와주던 선배 PD와 동료들이 있었고, 제 방송 진행에 대한 자부심이 있었기 때문입니다. 그리고 큰 위기 상황에서 더 침착하려는 제 성격도 도움이 되었던 것 같습니다. 사장과 본부장 모두가 스튜디오에 배석하고 있었기 때문에 9시 뉴스가 조금 늦게 방송되는 것이 문제가 되지 않을 거라 판단했고, 오히려 마지막까지 프로그램을 멋지게 끝내는 것이 가장 현명한 대처라 생각하고 차분하게 연출을 진행했습니다. 이후 누구도 이를 문제 삼지는 않았습니다. 프로그램이 모두가 만족스러워하는 내용으로 끝이 나자 관련된 모든 사람들이 즐거워했고, 그날의 위기 상황은 해프닝 정도로 지나갔습니다.

콘텐츠 제작 과정에는 언제나 미리 대비하지 못한 돌발 상황들이 발생할 수 있습니다. 그래서 콘텐츠 제작 과정의 모든 부분을 미리 점검하고 대비하여 준비해야 합니다. 하지만 특정 콘텐츠는 오히려 이런 돌발 상황이 있어야만 콘텐츠 소비자들에게 사랑받는 내용을 담아낼 수 있는 형식이 있기도 합니다. 리얼리티 프로그램들은 주로 돌발 상황을 일부러 만들어, 출연자들 각각의 캐릭터가 반응을 보이는 모습을 콘텐츠로 구성하기도 합니다. 그리고 반드시 계획대로 제작이 되어야만 하는 콘텐츠들도 생각지 못한 문제들이 발생하게 되는데요. 이런 돌발 상황에 대한 대처 능력은 콘텐츠 제작자나 출연자 모두에게 아주 중요한 소양입니다.

돌발 상황에 대처하는 방법

저는 '콘텐츠 제작자'라는 직업이 참 멋지다고 생각합니다. 이렇게 다양한 분야의 사람들을 만나면서 세상에 영향을 줄 수 있는 일도 많지 않을 거로 생각해봅니다. 시청자가 궁금해하는 사람들을 시청자를 대신해 만나는 방송 제작자들은 그런 점에서 부러움의 대상이 되기도 합니다. 하지만 그만큼의 긴장감과 스트레스가 있는 것도 사실입니다. 현장에서는 항상 생각지도 못한 일들이 벌어지는데요. 그런 위기 상황에서 잘 버티려면 강한 정신력이 필요합니다. 솔직히 녹화나 촬영 중 예상치 못한 상황이 발생하면 재빠르게 정확한 판단을 내리기가 쉽지 않습니다. 그래서 조연출 때부터 이런 상황에 대비한 실전 훈련을 쌓아오는 거죠. 그런데도 매 순간의 위기를 완벽하게 처리하는 것은 불가능합니다. 그래서 좋은 동료와 선배 그리고 후배와 함께 일을 하는 것이 PD에게는 가장 큰 축복입니다. 그들을 믿고 자신이 원하는 방향대로 연출만 신경 쓰고 콘텐츠 제작을 해야 좋은 프로그램이 나올 수 있기 때문입니다.

돌발 상황을 잘 대처하는 첫 번째 비법은 자신감입니다. 다양한 실전 경험으로 문제가 생겼을 때 당황하지 않고 해결할 수 있는 자신감, 이는 곧 정신력입니다. 돌발 상황에 대해 지나친 반응을 하지 않도록 정신력을 기르는 습관을 평소에 실천하고 있어야 합니다. 프로그램의 전체 책임자인 PD가 당황하는 모습을 보이면 스태프들도 제대로 일을 하기 힘듭니다. 어떠한 돌발 상황도 PD가 다 해결할 수 있으며 혹시 문제가 생기더라도 PD가 책임을 질 거라는 메시지를 동료들에게 줄 수 있어야 합니다.

그리고 위기의 순간 나를 도와줄 수 있는 동료들을 주변에 많이 두어야 합니다. 그러므로 평소에 주변 동료들에게 좋은 영향을 주고 그들과 소통하는 분위기를 만드는 것이 필요합니다.

13

처음 본 그림에 대한 본능

문자와 소리뿐 아니라 이미지나 영상이 함께 담기는 콘텐츠를 만드는 창작자들에게는 지금까지 누구도 보여준 적 없는 '처음 본 그림(영상)'을 만들고 싶은 본능이 있습니다.

〈대탈출〉은 〈더 지니어스〉와 〈소사이어티 게임〉을 만든 정종연 PD의 연출 프로그램으로, 방탈출 게임을 TV 예능 프로그램화한 작품입니다. 이 프로그램은 엄청난 규모의 세트로 유명한데요. 농담처럼 tvN에서는 돈은 나영석 PD가 벌고, 쓰는 건 정종연 PD가 다 한다고 할 정도로 이 프로그램의 세트 규모는 어마어마합니다. 국내 어떤 프로그램에서도 그동안 보지 못했던 스케일의 세트로 시청자를 압도하는 영상을 만들어내고 있습니다. 그의 전작인 〈더 지니어스〉나 〈소사이어티 게임〉에서도 독특한 스타일의 구성과 세트 미술로 시청자들의 관심과 비난을 함께 받았던 문제적 PD라고 할 수 있겠습니다. 개인적으로는 (제가 속해 있는 KBS 작품을 제외하고는) 최근 3년 동안 가장 멋진 구성을 가진 예능 프로그램이 〈대탈출〉과 〈아이콘택트〉라고 생각할 정도로, 이 프로그램은 스타일 면에서는 타의 추종을 불허합니다. 한 편의 영화 같은 탄탄한 스토리 구성과 이를 제대로 뒷받침해주는 멋진 세트, 보는 내내 감탄사가 나오게 만드는 작품입니다. 그리고 엄청난 제작비를 투입할 수 있는 배짱이 부러운 작품이기도 합니다.

프로그램은 강호동, 김종민, 김동현, 신동, 유병재, 피오. 이렇게 6명의 출연자가 각각의 캐릭터로 방탈출 게임 세트에서 정해진 시간 안에 탈출해야 하는 형식으로 진행이 됩니다. 출연자들을 방탈출 세트 안에 넣어놓고 리얼리티 프로그램처럼 제작진이 전혀 관여하지 않고, 관찰카메라 형식으로 촬영을 하여 방송하기 때문에 출연자마다 극한 상황에서 자연스럽게 표현되는 캐릭터를 보는 재미가 있습니다. 편집 스타일도 꽤 속도감이 있어 시청하는 동안 지루함을 거의 느낄 수 없습니다. 제작진이 기획 단계에서부터 모든 방탈출 세트 내 상황을 계획적으로 만드는 프로그램이지만, 출연자들이 상황마다 어떤 선택을 할지는 누구도 예측할 수 없기 때문에 아주 묘한 긴장감을 가지고 있는 프로그램입니다. 출연자들이 보여주는 다양한 모습과 긴장감이 이 프로그램의 아주 큰 재미 요소라 하겠습니다. 방탈출 세트를 어떻게 만드느냐에 따라 콘텐츠 기획자가 원하는 영상들을 만들 수 있기 때문에, 프로그램을 보면서 독특하다는 느낌을 강하게 받게 됩니다. 세트 녹화는 콘텐츠 기획자가 모든 상황을 미리 계획하여 통제할 수 있도록 여러 번의 리허설을 합니다. 그래서 대부분 프로그램의 경우, 스태프와 출연자들 모두 리허설 과정을 거치며 자신의 역할이 무엇인지 충분히 숙지할 수 있습니다. 그런데 〈대탈출〉의 경우는 탈출해야 하는 연예인 출연자들은 리허설에 참여시키지 않은 상태로 방탈출 세트 안에 투입, 돌발 상황에서 오는 웃음 코드를 극대화하도록 제작합니다.

〈대탈출〉에서 맏형 역할을 맡은 강호동 씨와는 저도 '특명, 세계로'라는 코너를 같이 한 적이 있습니다. 제목에서 알수 있듯 해외를 배경으로 아주 야심 차게 준비한 기대작이었습니다. MC였던 강호동 씨는 당시 최고의 인기를 누리다 잠시 슬럼프를 겪던 시기였는데, 그래서 이 코너를 정말 중요하게 생각하고 열심히 촬영에 임했습니다. 첫 촬영지는 터키였는데요. 터키가 촬영지로 결정된 것은 터키 관광청의 협찬도 중요한 요인이었지만, 터키 앙카라 대학에 한국어과가 있다는 것이 결정적인 이유였습니다. 예능 프로그램이긴 하지만 해외 촬영을 하러 갈 때는 무언가 의미를 담는 게 필요했거든요. 터키 앙카라 대학 한국어과에 한국어책을 가져다주는 내용으로 방송을 기획했습니다.

강호동 씨의 장점은 어떤 소재와 내용이 시청자들의 관심을 끌 수 있을지에 대한 판단이 무척 빠르다는 점입니다. 그는 동물적 감각으로 무엇을 해야 하는가를 느끼고 움직였습니다. 터키에 도착한 날 저녁에 바로, 강호동 씨가 촬영 관련 회의를 요청했습니다. 사실 촬영 계획은 이미 대본으로 다 정리되어 있었기 때문에 촬영 시작 전에 스태프들과 인사를 하려는 모양이라 생각하고 있었는데, 아니었습니다. 그는 서로 간단한 인사가 끝나자마자 대본에 있는 스토리의 뼈대는 유지하되 조금 더 신기한 무언가를 찾아야 하는 것이 아니냐고 예상치 못한 제안을 했습니다. 앙카라 대학에 책을 전해주는 것이 의미가 있긴 하지만 큰 재미를 주기 위해서는 뭔가 좀 더 독특한 것이 있어야 한다는 주장이었습니다. 이미 작가와 전체 내용을 어느 정도 결정하고 여러 가지 현지와의 조율을 다 끝낸 상태에서 터키로 왔기 때문에 그의 주장을 반영하기에는 다소 무리가 있었습니다. 하지만 저는 강호동 씨의 그런 의욕적인 모습이 좋았고, 가능하면 그의 주장을 수용하고 싶었습니다. 그렇게 시작한 회의에서 현지 코디가 터키 중부 지역의 '닥터피시'에 대한 이야기를 했고, 강호동 씨의 강력한 요청으로 원래 계획에 없던 터키 중부로 촬영을 하러 가게 되었습니다. (지금은 닥터피시가 흔하지만, 그때만 해도 신박한 아이템이었습니다.)

터키 중부에 가려면 전체 촬영 일정을 완전히 바꾸어야 했기에 쉬운 결정은 아니었습니다. 하지만 MC의 의견을 어느 정도 들어주는 것이 좋겠다는 생각 반, 닥터피시가 있으면 이번 촬영이 훨씬 더 재미있겠다는 생각 반으로 시도해보기로 했습니다. 현지 코디의 설명대로라면 비행기로 2시간, 차로 다시 6시간을 가야 하는 곳이니, 마음의 준비를 단단히 하고서 말이죠. 팍팍한 일정이었지만 다음 날 아침 우리는 터키 중부로 향하는 비행기를 탔습니다. 그리고 다시 차를 타고 6시간을 더 달렸습니다. 하지만 모든 일이 순조롭게만 풀리면 이상한 법이죠. 도착해야 할 시간이 되었음에도 코디는 조금만 더 가면 된다는 말만 반복하고 목적지는 보이지 않았습니다. 차창 밖 풍경을 바라보며 애타는 시간이 계속 흐르고 이후로도 2시간이 더 지났습니다.

저는 '닥터피시'라는 물고기가 정말 있기는 한지, 코디의 말을 믿어도 될지 서서히 불안해지기 시작했습니다. 초조하기는 강호동 씨도 마찬가지였던 것 같습니다. 코디에게 거듭 닥터피시가 진짜 있냐고 물었고, 코디는 그저 고개만 끄덕였습니다.

저는 혹시 모를 최악의 상황을 준비해야 할지도 모른다는 생각이 들기시작했습니다. 야외 촬영, 특히 해외 촬영의 경우 언제든 예상에 없던 일이 생기기 때문에 PD는 항상 그런 것들을 고려해 미리 대책을 세워두어야 합니다. 물론 사전에 계획했던 대로만 진행했다면 큰 문제가 없었겠지만, 더 재미있고 흥미 있는 콘텐츠를 만들기로 선택한 만큼 선택에 대한 책임도 PD가 져야 하니까요. 어쨌든 최악의 경우를 생각하고 있어야 하는 것이 저의 의무였습니다. 달리는 차 안에서 저는 여러 가지 경우의 수를 머릿속에 그리며 새로운 촬영 계획을 만들어 가기 시작했습니다.

그러기를 다시 한 시간, 코디의 입에서 드디어 도착했다는 사인이 나왔습니다. 우리는 닥터피시가 없으면 어쩌나 하는 마음으로 서둘러 주변 하천으로 달리기 시작했습니다. 다들 말은 하지 않고 있었지만 이미 촬영팀 모두가 코디의 말을 전적으로 신뢰하기는 어렵다고 생각하고 있었던 거죠. 그런데 너무나도 다행스럽게도 김이 모락모락 나는 작은 하천에 조그마한 물고기들이 있었습니다. 아침부터 온종일 여길 오느라 버린 시간이 헛되지는 않았다고 하는 안도감도 잠시, 물고기는 상상했던 것만큼 그리 신기한 모습은 아니었습니다. 온천수도 생각만큼 뜨겁지도 않았고, 뭔가 극적으로 신기한 물고기를 발견한 것처럼 촬영하려던 계획은 접어야 했지요. 그렇지만 다들 너무나 열정적으로 촬영에 임했고 그럴싸한 영상을 만들 수 있었습니다. 모두가 방송 분야의 베테랑들이라 가능한 일이었습니다.

촬영을 끝내고 이제 돌아갈 일만 남았습니다. 다음 날 아침 앙카라 대학 촬영은 터키 촬영을 온 중심 주제였기 때문에 무슨 일이 있어도 제시간에 맞춰 가야 했습니다. 차로 8시간이 걸리는 거리를 새벽 1시에 출발하여 다음 날 9시에 도착해야 하는 상황을 모두 담담히 받아들였습니다. 차에서 얼마나 잤을까, 한참 후 눈을 떠보니 칠흑 같은 밤에 출발한 차는 아침 도로 위를 달리고 있었습니다. 이런 소동 끝에 촬영팀은 다행히도 늦지 않게 앙카라 대학에 도착했고, 촬영도 기대 이상으로 잘 진행되었습니다. 고생한 보람이 있었는지 터키의 닥터피시는 방송 전파를 타고 시청자들에게 소개되어 좋은 반응을 얻었습니다. 그리고 이런 일을 함께 겪으면서 강호동 씨와 저 그리고 촬영 스태프들은 모두 끈끈한 관계가 이어져 다음 촬영 때부터는 서로를 더욱 신뢰하는 사이가 되었습니다.

솔직히 위기의 그 날, 차 안에서는 '이러다 촬영 전체가 완전히 망하는 거 아닌가' 하는 걱정을 정말 많이 했습니다. 촬영 결과에 대한 책임은 결국 PD인 제가 져야 하기에, 그야말로 식은땀이 등 뒤로 줄줄 흘렀습니다. 하지만 촬영팀이 동요하면 더 큰 문제가 되기 때문에 내색하지 않으려고 정말 두 주먹을 꼭 쥐고 있었지요.

모험은 기획자의 본능

사실상 완벽한 준비가 불가능한 해외 촬영의 경우에는 현지 코디의 역할이 중요합니다. 그런데 현지 코디 역시 모든 것을 해결해줄 수는 없으므로 최후에는 PD 자신의 판단력이 가장 중요하게 됩니다. 변수가 생기면 최선의 경우와 최악의 경우를 모두 염두에 두고 움직여야 합니다. 예상치 못한 일이 발생한 경우에도 절대로 당황하는 모습을 스태프들에게 보여서는 안 됩니다. 이마저도 예상한 것처럼 행동해야 합니다. 그리고 정말 답이 없는 경우에는, 스태프와 출연자에게 모든 상황을 공유하고 함께 대책을 마련해야 합니다. PD가 출연자와 스태프를 신뢰하고 있다는 것을 보여주고, 무슨 일이든 다 같이 합심하면 문제를 해결할 수 있다는 자신감을 보여주어야 합니다.

이렇게 걱정이 많이 됐던 촬영임에도 감행하게 된 것은 MC 강호동의 사기 문제와 함께 그가 이야기한 것처럼 시청자들에게 '처음 보는' 신선한 영상을 보여주고 싶은 생각에서였습니다. 변수가 많은 야외 촬영에서 철저한 사전 기획은 너무나 중요합니다. 모든 것이 완벽하다고 생각한 야외 촬영에서도 의외의 일들은 항상 벌어지기 마련이거든요. 그래서 항상 실전 같은 리허설을 머릿속으로 그려보는 습관을 지니는 게 중요합니다. 회의를 진행하면서 대본에 적힌 것들을 머릿속으로 영상화하고 그걸 위해 필요한 것들이 모두 준비되어 있는지 확인하는 습관이 콘텐츠를 제작할 때 정말 중요합니다.

촬영할 장소에서 연출하고자 하는 영상이 정말 가능한지 확인하기 어려운 해외 촬영의 경우 기획안을 바꾸는 행동은 정말 위험한 선택이니까요. 그렇지만 누구도 시도하지 못했던 영상을 만들 기회라면, 기회를 놓치지 않고 모험을 하고자 하는 것이 콘텐츠 제작자의 본능입니다. 그리고 이러한 본능이 시청자들에게 새로운 영상을 선보일 수 있게 만드는 원동력이 됩니다.

세계 시장을 읽는 눈

K-POP(케이팝)에 이어 한국의 드라마와 예능 그리고 영화에 웹툰까지…. 'K-콘텐츠'라는 이름으로 우리의 콘텐츠 시장이 이제는 한반도를 넘어 전 세계로 확장되었습니다. 내가 만든 콘텐츠가 전 세계 No.1이 될 수 있는 세상입니다.

웹툰 원작으로 넷플릭스에서 주목받고 있는 〈스위트홈〉의 경우, 넷플릭스 투자금이 아니면 시도해볼 수 없는 큰 규모의 제작비가 들어간 작품입니다. 공개되자마자 해외 콘텐츠 소비자들에게 극찬을 받으며 한국 콘텐츠의 우수성을 알렸는데요. 국내 드라마나 영화 콘텐츠가 해외 시장에서 질적인 면에서 극찬을 끌어내며 시장에서 좋은 반응도 함께 얻고 있는 것은 앞으로 한국의 다른 작품 제작에도 긍정적인 환경을 만들어준다는 점에서 아주 의미 있는 성과라 하겠습니다.

넷플릭스를 통해 한국 콘텐츠가 세계 시장의 주류 무대로 올라서게 된 시작점은 〈킹덤〉이라고 하겠습니다. 〈킹덤〉은 조선 시대를 배경으로 '좀비'라고 하는 서구 사회에서 만든 허구의 호러 캐릭터를 조합한 독특한 콘텐츠입니다. 이 드라마는 국내 반응뿐 아니라 해외 시청자들의 반응 또한 아주 뜨거웠는데요. 그동안 해외 시청자들이 보아왔던 좀비 영화와는 완전히 다른 시대 배경과 한국 정서가 해외 팬들에게 낯설고 신선한 충격을 줬기 때문입니다. 한국 콘텐츠가 중국, 일본과 동남아시아 시장에서 큰 인기가 있기 때문에 아시아 시장 공략이라는 목표를 가진 넷플릭스 입장에서는 한국 콘텐츠에 대한 투자는 당연한 수순이라 하겠습니다. 그런데 이렇게 넷플릭스가 투자한 한국의 콘텐츠들이 아시아 시장을 넘어 미국과 유럽 등 기존의 한류 콘텐츠 시장이 아니었던 곳의 콘텐츠 소비자들에게도 좋은 반응을 얻고 있다니 참으로 반가운 소식입니다. 〈킹덤〉의 성공으로 넷플릭스는 한국 드라마 제작에 대한 투자를 더욱 더 공격적으로 하게 되었고, 이런 환경에서 좋은 반응을 얻는 작품들이 계속해서 나오고 있습니다.

그중 〈스위트홈〉의 경우는 〈킹덤〉의 반응을 뛰어넘는 성공으로 한국 콘텐츠의 새로운 역사를 쓰게 되었는데요. 〈스위트홈〉은 네이버 웹툰 '스위트홈'을 원작으로 하는 넷플릭스 오리지널 드라마입니다. 제작사는 CJ 계열의 '스튜디오 드래곤'으로, 2020년 12월 18일 넷플릭스 오리지널 시리즈로 공개되자 바로 전 세계에서 뜨거운 반응을 받았습니다. 2020년 12월 25일, 넷플릭스 TV 프로그램 부문 전 세계 3위, 미국 3위를 기록했는데, 이는 넷플릭스 TOP 10이 집계된 이래 한국 드라마의 미국 TV 프로그램 TOP 10 최초 진입 기록입니다. 이 드라마는 회당 30억의 제작비를 투입했는데, 국내 드라마 제작비가 평균 회당 5억 미만인 것을 고려하면 넷플릭스의 투자가 국내 드라마 시장에 어떤 변화를 주고 있는지 단박에 알 수 있습니다. 몇 년 전이긴 하지만 중국 자본의 투자를 받아 회당 8억 원의 제작비를 투입한 〈태양의 후예〉가 화제가 되었던 것과 비교해봐도 넷플릭스의 투자로 인한 국내 드라마의 대형화는 드라마 콘텐츠의 질적 수준을 한 단계 높여주고 있다 하겠습니다.

2021년에는 영화 〈승리호〉가 넷플릭스 오리지널 콘텐츠로 공개되면서 한국 콘텐츠에 대한 해외 반응이 일시적인 현상이 아니라는 것이 다시 한번 증명되었습니다. 그리고 여기서 주목해야 할 부분이 있습니다. 바로 〈스위트홈〉과 〈승리호〉가 웹툰 원작의 영상 콘텐츠라는 점인데요. 인기 웹툰이 이제는 스토리의 공급원으로 자리를 잡아, 웹툰 플랫폼을 소유하고 있는 네이버와 카카오가 콘텐츠 산업 전면에서 주목을 받고 있습니다.

KBS의 MCN 사업팀장으로 웹드라마, MCN 등 오리지널 콘텐츠 사업을 추진하던 시기에 저에게도 중국 시장이라는 기회가 찾아온 적이 있습니다. 한국 온라인 콘텐츠 시장과는 전혀 다른 환경을 가지고 있던 중국은 그즈음 막 인터넷을 통한 영상 콘텐츠 소비가 폭발적으로 늘고 있었는데요. 여기에 한류 콘텐츠, 특히 TV 방송 콘텐츠에 대한 인기가 점점 높아지고 있었습니다. 저는 직감적으로 한국 TV 방송에 대한 중국 콘텐츠 소비자들의 관심이 디지털 콘텐츠로도 옮겨 갈 거라 느꼈습니다. 당시 한국의 온라인 생방송은 동시 접속자 수가 1천 명에서 1만 명 정도면, 인기 있는 1인 크리에이터로 인정받던 시기였습니다. 그런데 중국은 이보다 훨씬 많은 10만 명 정도면 나쁘지 않은 수준이었고, 100만 명이 넘어야 인기 있는 1인 크리에이터인 '왕홍' 급으로 인정받을 수 있었죠. 시장 규모가 10배 이상인 것인데요. 그만큼 중국 온라인 콘텐츠 시장의 규모가 컸습니다. 여기에 경제 발전이 빠르게 진행되고 있는 환경까지 겹치면서 말 그대로 중국 온라인 콘텐츠 시장은 '기회의 땅'이었습니다. 중국의 라이브 1인 방송 시장은 2015년 기준으로 그 규모가 90억 위안(약 1조 5,400억 원) 정도였고, 이용자 수도 2억 명에 육박했으니까요.

이렇게 파죽지세로 성장하던 중국 온라인 콘텐츠 시장의 젊은 소비자들은 한류 스타에게 푹 빠져 있었습니다. 자연스레 한류 스타로 불리던 K-POP 가수나 한국의 인기 연예인들의 섭외를 이유로 중국의 콘텐츠 회사들이 KBS와 합작을 요청하는 사례도 늘어났습니다. 제2의 한류를 디지털 콘텐츠 분야에서도 만들어낼 수 있다고 믿었던 저는, 1인 크리에이터 중 중국 시장에서도 성공 가능성이 있는 재목을 찾아낸다면 거침없이 성장하는 기회의 땅에 한국의 디지털 콘텐츠가 진출할 수 있으리라 생각했습니다. 그래서 저희 팀은 2015년 연말, 한국에 거주 중인 중국 유학생들을 대상으로 1인 크리에이터 공모 오디션을 진행하여, 4명의 중국인 1인 크리에이터를 선발해두었습니다. 그러자 마치 기다렸다는 듯 갑작스럽게 여러 곳에서 좋은 제안들이 들어오기 시작했습니다.

기회는 정말 빨리 찾아왔습니다. 중국 1인 방송 플랫폼 중 선두그룹이었던 3개 회사 'YY', '도우위(Douyu)', '롱쥬(Longzhu)'가 KBS와 함께 온라인 콘텐츠 제작을 제안해왔습니다. 합작 사업 파트너를 우리가 선택할 수 있는 위치가 되었고, 우리 팀은 이들 업체 중 가장 좋은 조건을 제시한 롱쥬TV와 계약을 진행하고 프로젝트를 시작했습니다. 한 달 동안 시험 방송의 결과를 보고 1년 계약을 하는 조건이었지만, 필요한 제작비 전액을 롱쥬TV에서 부담하는 내용으로 진행되어 KBS 입장에서는 위험 요소가 전혀 없는 좋은 조건의 프로젝트였습니다. 제작비를 전혀 투자하지 않고 중국 1인 방송 시장 진출을 시도하게 된 데다가, 중국 1인 방송 콘텐츠 제작 노하우까지 얻을 기회이기도 했죠. 여러모로 시기가 잘 맞아떨어져 쉽게 성사된 일이었습니다.

계약 후 바로 롱쥬TV의 홈페이지에 KBS 브랜드관이 생겼고, 이를 통해 한 달 동안 한국에서 제작한 콘텐츠가 중국의 롱쥬TV를 통해 생방송 되었습니다. 〈한류 중심, KBS〉라는 프로그램으로 3명의 진행자가 한국의 대중문화를 소개하는 형식으로 생방송을 진행하였는데, 한국의 디지털 콘텐츠가 중국에서도 통할 수 있음을 확인할 좋은 기회였습니다. 하지만 중국 업체는 한 달이 지난 후 이런저런 석연치 않은 이유를 대며 1년 연장 계약을 하지 않았고, 롱쥬TV를 통한 중국 온라인 콘텐츠 시장 진출은 한 달 만에 막을 내리고 말았습니다.

롱쥬TV와의 중국 1인 방송 공동 제작 사업은 한 달 만에 막을 내렸지만, 진행하면서 얻은 시행착오와 노하우는 중국 시장에 대한 자신감으로 이어졌습니다. 그리고 그 뒤로도 다른 중국 1인 방송 플랫폼 업체들의 러브콜은 계속되었습니다. 공동 제작을 요청한 곳 중 가장 기억에 남는 곳은 라이팡(Laifeng)입니다. 라이팡은 당시 중국의 유튜브라 불리던 유쿠투도우(Youku Tudou)에서 만든 우리나라로 치면 아프리카TV 같은 1인 방송 플랫폼이었습니다. 후발주자이다 보니 한국 방송사의 콘텐츠를 발 빠르게 중국에 소개해 소비자들로부터 시선을 끌고자 했습니다. 그래서 저희에게 공동 제작 요청을 적극적으로 해왔던 것이지요.

저희는 라이팡과 〈K-Star Show〉라는 제목으로 온라인 전용 연예정보 콘텐츠를 서비스하기로 합의했습니다. 합의안에는 KBS에서 제작한 콘텐츠를 중국 최고의 온라인 매장인 '타오바오'와 연결하여 수익화를 진행하는 내용도 포함되어 있었는데요. 중국 측이 워낙 적극적이어서 큰 틀의 합의 이후에는 빠르게 협상이 진행됐습니다. 제작비 전액을 중국 측에서 투자하는 내용으로, 타오바오 매장에서의 수익 일부를 KBS가 가져올 수 있는 조항도 포함되어 있어 저희 팀으로서는 아주 즐거운 조건이었지만, 겉으로는 내색하지 않으면서 수익률에 대한 조정을 마지막으로 남겨 놓고 있었습니다. 그런데 갑자기 '사드' 이슈가 발생하며, 모든 논의가 중단되어버렸습니다. 그리고 그 뒤로 그 많던 중국 업체들로부터의 공동 제작 요청도 완전히 끊겨버렸습니다.

시장을 읽는 자신만의 감각 키우기

기회를 놓쳐버린 것이 못내 아쉽기는 하지만, 진행하는 동안 많은 노하우를 축적할 수 있었습니다. 이런 기회를 발견하고 실제로 일이 추진될 수 있었던 것은 그저 운만은 아니라 생각합니다.

콘텐츠 기획자는 항상 시장의 변화를 공부해야 합니다. 습관적으로 세계 경제 흐름에 대한 뉴스를 매일 들여다보십시오. 그리고 그 안에서 변화의 흐름을 읽어낼 수 있도록 자신만의 메모와 정리법을 만들고 이를 한 달 단위로 비교가 가능하도록 하세요. 시장을 모르는 콘텐츠 기획은 성공할 수 없습니다. 시장을 이해하기 위해서는 오랜 기간의 꾸준한 관심이 필수입니다. 시장은 여러 가지 변수들이 얽혀 서로 영향을 주는 복잡계이기 때문에 오랫동안 꾸준히 시장 뉴스를 챙기는 등 자신만의 감각을 키워두어야 합니다.

한국의 콘텐츠 시장은 일본에 이어 중국 시장에 성공적으로 진출한 경험을 가지고 있으며, 이제는 미국과 유럽 시장이 새로운 한류 시장으로 떠오르고 있습니다. 남미의 소비자들도 우리의 콘텐츠를 원하고 있고요. 더 이상 한국의 콘텐츠 시장은 한반도로 국한되어 있지 않습니다. 국내 콘텐츠 기획자들은 자연스럽게 해외 시장을 염두에 두고 콘텐츠 기획을 해야 합니다.

해외 인기 방송 프로그램을 유튜브를 통해서 살펴보는 것도 게을리하지 말아야 하고, 일정 기간을 정해놓고 그동안 메모한 것들을 쭉 늘어놓고 트렌드 정리를 해보는 것도 좋습니다. 그리고 콘텐츠 트렌드 10가지를 내 기준으로 매년 정리해보는 것도 추천 드립니다.

15

과감하게 정리하는 용기

멋진 콘텐츠를 제작하려다 보면 욕심을 부리게 되는 경우가 생깁니다. 그리고 이런 욕심은 콘텐츠를 잘 만들기 위한 긍정적인 동력이 되기도 하지요. 하지만 마지막 순간까지 욕심을 부리다가 정작 중요한 부분을 놓쳐버리는 경우도 있습니다. 버릴 것은 과감하게 버리는 용기가 필요한 순간이 있습니다.

연말 시상식은 방송사 스튜디오 쇼 프로그램의 꽃이라고 할 수 있습니다. 화려한 세트와 조명 그리고 시청자들의 감탄을 자아낼 혁신적인 무대 효과에 멋진 연출이 가미되면 그야말로 방송 프로그램이란 이런 것이구나 하는 찬사를 듣는 쇼가 탄생합니다. 몇 년 전까지만 해도 이런 대형 쇼는 주로 지상파 방송사인 KBS, MBC, SBS의 독점적인 분야였습니다. 그러나 지금은 음악 전문 채널의 연말 가요 시상식이 '최고 쇼'의 명예를 차지하게 된 듯합니다. 대형 연예 기획사들이 직접 제작하는 음악 쇼도 점차 규모가 커지면서 새로운 강자로 떠오르고 있습니다. K-POP의 세계적인 인기와 함께 앞으로 대형 연예기획사들이 직접 쇼 프로그램을 기획하고 제작하여 선보이는 이런 추세는 더 강화될 것으로 보이는데요.

최근 몇 년을 기준으로 평가하자면, 〈MAMA〉라는 이름의 연말 가요 시상식이 가장 혁신적인 무대장치와 과감한 연출로 스튜디오 쇼 프로그램의 최고자리를 차지하고 있습니다. MAMA는 'Mnet Asian Music Awards'를 줄여서 부르는 프로그램 이름으로, CJ ENM이 주최하는 음악 시상식입니다. CJ의 자본력에서 나오는 넘사벽의 공연 스케일로 연말 비슷한 시기에 열리는 각종 가요 시상식 중 공연 규모로는 단연 최고라는 평가를 받고 있습니다. 마카오, 싱가포르, 홍콩, 요코하마, 나고야 등 '아시안 뮤직 어워드'라는 이름답게 서울과 아시아의 여러 도시에서 시상식을 함께 진행하여 K-POP

의 인기를 제대로 보여주고 있기도 하지요.

그런데 이런 압도적인 규모에도 불구하고 매년 고질적으로 음향과 카메라 움직임의 문제가 생겨 네티즌들에게 지적을 받고 있기도 한데요. 이런 문제는 사실 다른 대형 쇼에서도 자주 보이는 문제이기도 합니다. TV의 특성상 소리보다는 보이는 영상을 더 중시하기 때문에 오디오 관련 장비에 대한 투자도 부족하고, 리허설 때 오디오 부분에 대한 체크가 제대로 이루어지지 않는 경우도 많이 있습니다. 게다가 시청자들의 주목을 확실하게 받는 프로그램의 연출자는 기획 단계에서 욕심을 낼 수밖에 없는데요. 멋진 영상을 보여주려는 욕심에 프로그램 내에서 소화하기 벅찬 부분까지도 준비하는 경우가 많습니다. 이런 경우, 스태프나 감독님들과의 조율이 필요합니다. 생방송이나 녹화 당일 리허설을 하며 카메라로 제대로 잡을 수 없는 부분은 스태프 회의에서 삭제를 하고 진행하기도 합니다. 그런데 자신이 어렵게 준비한 것들을 촬영 당일에 와서 포기하기란 쉽지가 않지요. 그래서 가끔은 잘못된 결정을 한 채 촬영에 들어가기도 합니다.

트로트 분야에서 독보적인 프로그램은 지난 오랜 기간

〈전국노래자랑〉이었습니다. 최근 들어 〈미스 트롯〉이나 〈미스터 트롯〉의 성공으로 방송사마다 트로트 관련 쇼 프로그램이 많이 생겨 〈전국노래자랑〉의 독보적 위치가 흔들리고는 있지만, 여전히 전통적인 강자라고 할 수 있을 것입니다. 매년 연말이면 〈연말 결선, 전국노래자랑〉이라는 제목으로 방송되는 특별 프로그램은 트로트 분야의 최고 쇼 프로그램이라고 하겠습니다. 〈전국노래자랑〉에 출연해서 최우수상, 우수상, 장려상, 인기상을 받은 수상자에게는 매년 연말 특집으로 제작되는 〈연말 결선, 전국노래자랑〉 예심에 도전할 기회가 주어집니다. 1년 동안을 연말 결선 준비를 위해 노래와 개인기를 연마하는 분들이 있을 정도로 연말 결선은 전국노래자랑 출연자들에게는 그야말로 꿈의 무대로 불리고 있습니다.

일요일 낮, '딩동댕' 소리와 함께 오랜 시간 사랑을 받아온 〈전국노래자랑〉. 매주 방송되는 이 프로그램의 1년 결산 특집인 〈연말 결선, 전국노래자랑〉은 'KBS 홀'이라고 하는 KBS 방송 녹화 스튜디오 중 가장 규모가 큰 곳에서 개최됩니다. KBS 홀은 방송 녹화보다는 공연을 위해 지어진 시설이기 때문에, 일반 TV 스튜디오와는 다른 멋진 공연장으로 많이 알려져 있습니다.

이 꿈의 무대에 서기 위해서는 일단 매주 각 지역에서 진행되는 〈전국노래자랑〉에서 상을 받아야 합니다. 지역 방송에서 상을 받은 분들이 모여 예심을 치르기 때문에 예심의 열기와 수준은 상상 이상입니다. 모두들 노래도 잘하고 개인기 또한 대단합니다. 예심을 진행하는 내내 PD와 작가 그리고 악단장은 웃느라 시간 가는 줄도 모를 정도입니다. 모든 분을 출연시키고 싶지만, 예심 참가자 100여 명 가운데 연말 결선 무대에는 15~20명 정도만 설 수 있습니다.

예심을 통과해 본선 무대에 서게 될 출연자 선정은 PD와 작가 그리고 악단장이 회의를 통해 결정합니다. 가장 중요한 선발 기준은 '노래 실력' 그리고 '재미있는 개인기와 사연'입니다. 변수가 되기도 하는 기준으로 출연자의 '나이'와 '지역'이 있습니다. 특정 연령대 출연자가 너무 많거나 너무 적을 경우에는 실력이나 재미가 조금 부족해도 선발되거나 반대로 잘해도 선발되지 못하는 경우가 생깁니다. 서울 근교 지역 출연자가 너무 많을 경우에는, 지역 출연자를 배려하기도 하고요. 〈전국노래자랑〉은 노래를 가장 잘하는 사람을 뽑는 오디션 프로그램이라기보다는 모든 참가자와 시청자가 노래를 매개로 즐거운 축제를 즐기는 마당극과 같은 콘텐츠라 할 수 있습니다.

연말 결선 녹화 날 아침이 되면 이미 전날 저녁부터 세트 팀에서 작업을 끝낸 멋진 무대를 볼 수 있습니다. 그리고 음향, 조명 등 장비를 설치하기 위한 스태프들의 작업이 한창이지요. 매주 지역을 다니며 녹화를 하므로 무대가 마음에 차지 않기도 했지만, 이제 KBS 홀이라는 공연장에서 멋진 무대와 조명을 배경으로 녹화를 할 수 있어 연출 PD들은 오래간만에 실력 발휘를 하는 기분입니다.

아침 9시가 되면 예심을 통과한 출연자들이 하나둘 무대 뒤로 모이고, 10시부터 음악 리허설이 시작됩니다. 이미 노래 실력으로 수상 경험이 있는 분 중에서 다시 고르고 골라 선발된 출연자들이므로 노래는 걱정하지 않아도 되는 수준입니다. 다만 무대 녹화 중 출연자들이 떨지 않기를 바랄 뿐입니다. 솔직히 큰 무대에 서서 수천 명의 청중이 나를 바라보고 있는데, 떨리지 않는다면 그건 이미 프로 가수이겠지요. 떠는 것이 당연합니다. 다만 너무 떨어 노래 부르는 것에 지장을 주는 경우가 생기지 않게 출연자들의 긴장을 풀어주려고 최대한 편안한 분위기에서 리허설을 진행합니다.

〈전국노래자랑〉의 MC 송해 선생님은 여러 가지 면에서

배울 것이 많은 분입니다. 리허설이 시작되는 순간이면 그는 이미 무대 한쪽에 나와 출연자들의 노래와 움직임을 하나하나 꼼꼼히 살핍니다. 그리고 출연자들의 음악 리허설이 끝나면 그들 한 분 한 분과 대본을 토대로 미리 이야기를 나누고 교감하는 시간을 갖습니다. 출연자와 MC가 무대 위에서 처음 만나게 되면 아무래도 편안하게 인터뷰나 응대를 하기 어렵기 때문에, 일부러 출연자들과 교감하는 시간을 가지는 것입니다. 이 교감의 시간에 출연자들은 남녀노소를 막론하고 모두가 송해라는 진행자에게 친밀함 이상의 감정을 느끼게 됩니다. 진정한 국민 MC가 아닐까 하는 생각이 절로 듭니다.

이어서 초대가수들이 음악 리허설을 합니다. 연말 결선은 전국노래자랑의 1년을 마무리하는 축제의 자리이므로 초대가수 섭외에 상당히 신경을 쓰는데요. 2018년에는 전국노래자랑 출신이면서 성공한 가수들로 초대가수를 섭외하기로 했고, 박상철, 금잔디, 승희(오마이걸) 등의 〈전국노래자랑〉 출신 가수들이 연말 결선 무대를 더욱 특별하게 해주었습니다. 그리고 2018년에 가장 많은 출연자가 불렀던 노래인 '셀럽이 되고 싶어'의 셀럽파이브가 오프닝 공연을 했습니다.

음악 리허설이 끝나고 나면 바로 카메라 리허설을 합니

다. TV 녹화는 공연을 카메라로 찍어서 이를 시청자가 볼 수 있도록 만드는 일이므로 촬영을 할 수 있도록 무대 위의 모든 움직임이나 대화를 카메라가 포착할 수 있도록 해야 합니다. 그래서 녹화 바로 전, 카메라 리허설은 필수입니다. 이때 카메라에 포착되지 않거나 의도와 다르게 보이는 부분이 있다면 마지막으로 수정을 합니다.

카메라 리허설은 생방송처럼 긴장감을 가지고 진행합니다. 여기서 문제가 생기면 녹화에서도 문제가 될 수 있기 때문에 모든 부분을 하나하나 세심하게 챙기면서 리허설을 진행합니다. 시간이 무한정 주어져 있다면야 마음에 들 때까지 모든 것을 연습해볼 수도 있겠지만, 녹화 시간은 정해져 있습니다. 이제 곧 객석에 방청객들이 들어와 앉게 되고, 쇼는 시작되어야 합니다. 그 전에 모든 준비가 완료되어야 하지요. 방청객들이 들어온 상태에서 우왕좌왕하는 모습을 보이면 안 됩니다. 설령 문제가 있더라도 모든 것이 완전무결하게 준비된 것처럼 보여야 합니다.

이제 녹화가 시작됩니다. 녹화가 시작되면 그때부터 연출자는 카메라 영상에 모든 신경을 집중하여 가장 좋은 영상을 담아내려고 노력합니다. 공연 무대에서의 진행은 미리 리허설 때 약속한 대로 되어야 합니다. 만약 갑자기 약속이 지켜지지 않는 상황이 발생하면 연출자는 녹화를 진행하면서 명확한 판단으로 빠른 의사결정을 해야 하지요. 순간적인 판단력이 필요한 순간입니다. 영상을 커팅 하면서 무대가 제대로 준비되어 약속대로 진행되고 있는지 체크해야 하는 이 녹화 시간은 PD의 모든 역량이 하나로 집중되는 마법과도 같은 시간입니다. 2시간의 녹화 시간이 얼마나 빠르게 흘러갔는지 느낄 새도 없이 녹화는 끝이 납니다.

녹화가 끝나면 중계차와 카메라 스태프들에게 함께 고생한 것에 감사의 인사를 합니다. 그리고는 무대로 달려가 무대에 있는 모든 관계자와 인사를 합니다. 이 순간 모두가 이 쇼를 함께 만들어준 고마운 사람들이라는 생각에 감격스러운 감정이 올라옵니다.

용기가 필요한 순간 그리고 열린 마음

방송 제작에서 스튜디오 녹화는 기획안을 기초로 준비해 온 모든 것들이 단번에 구현되는 순간입니다. 이 순간을 카메라에 제대로 담아내지 못하면 그동안의 준비 과정은 아무 소용이 없게 되는 것이지요. 그래서 녹화는 방송 제작의 꽃이라고 할 수 있습니다. 모든 에너지가 이 짧은 시간을 위해 준비되고 완결됩니다. 이런 이유로 녹화를 잘 진행하기 위한 준비는 좋은 콘텐츠를 만들기 위한 가장 중요한 부분이라고 할 수 있습니다. 어떤 준비를 하는 것이 완벽하게 녹화를 마치는 데 도움이 될까요?

녹화 준비의 기본은 그동안 준비된 것 중에 필요 없는 부분을 과감하게 정리하는 것입니다. 연출을 맡게 되면 멋진 콘텐츠를 제작하기 위해 모든 역량을 집중하기 때문에 어쩔 수 없이 욕심을 부리게 됩니다. 그리고 사실 이런 욕심은 콘텐츠를 잘 만들기 위한 것이므로 긍정적으로 볼 수 있습니다. 하지만 녹화 당시에 원하는 모든 것을 구현하고 카메라에 담는 것은 한계가 있을 수밖에 없습니다. 마지막 녹화의 순간에 욕심을 부리다가 정작 중요한 부분까지 놓쳐버릴 수도 있습니다. 그래서 녹화 바로 전에 가장 중요한 부분만을 남겨두고 버릴 것들은 과감하게 버려야 합니다. 이를 위해서는 우선순위를 정하는 것이 필요합니다. 순서가 이미 머릿속에 정해져 있어야 뭔가를 버려야 하는 순간 쉽게 결정을 내릴 수 있습니다.

그리고 녹화 중에는 함께 제작하는 스태프들의 조언을 받아들일 수 있는 열린 마음이 필요합니다. 녹화가 진행되는 동안 벌어지는 미처 준비하지 못한 상황들은 연출자가 경험해보지 못한 것일 수도 있습니다. 그럴 경우 주변의 오랜 경험을 가진 스태프들이 많은 도움을 줍니다. 항상 열린 자세로 주변 관계자들과 소통하여, 그들이 언제나 편하게 이야기를 할 수 있도록 통로를 열어두는 게 중요합니다.

마지막으로 매사에 감사하는 마음을 가져야 합니다. 영상 제작은 많은 스태프의 참여로 만들어집니다. 물론 그들도 각자 맡은 일을 하는 것이지만, 연출자가 함께하는 사람들에게 감사하는 마음을 가지고 있으면 어떤 식으로든 전달이 됩니다. 이야기하지 않아도 따뜻한 느낌을 받을 수 있으니까요. 이게 평소에는 전체 분위기를 좋게 하는 정도의 소소한 영향력을 가지지만, 위기의 순간에 엄청난 힘을 발휘하게 됩니다. 진심으로 뭔가를 도우려는 스태프들의 행동이 연출자에게 멋진 콘텐츠를 만드는 힘이 됩니다. 게다가 큰 사고가 발생할 수 있는 상황일 때, 이를 해결해주는 역할을 하기도 합니다.

16

확신을 가지고 설득하기

콘텐츠 제작에 대한 아이디어를 기획하고 필요한 리소스를 확보할 수 있도록 결정권자나 투자자를 설득하여 완성해내는 일은 너무나 고된 여정입니다. 자신의 생각을 다른 사람들에게 설명하고 그들의 도움과 응원을 얻어내는 일은 어려운 일이지요. 이 어려운 여정에 가장 중요한 것은 바로 콘텐츠 기획자 본인의 자기 확신입니다.

채널A의 예능 프로그램 〈아이콘택트〉는 "국내 최초 눈으로 말하는 Non-Verbal 침묵예능"을 슬로건으로 표방한, 예능과 교양의 경계선에 있는 독특한 콘텐츠입니다. 사연을 보낸 신청자 그리고 신청자의 사연과 관련이 있는 주인공이 둘만의 세트 공간에서 서로 말없이 아이콘택트를 한 뒤, 각자의 속마음을 털어놓는 프로그램인데요. 소리가 특히 중요한 예능 콘텐츠에서 침묵의 시간을 갖는다는 발상이 아주 신선합니다. 프로그램의 시작은 사연 신청자가 자신의 이야기를 전하는 인터뷰인데요. 신청자는 '눈맞춤 방'이라고 하는 이 프로그램의 세트로 들어갑니다. 세트는 두 개의 방으로 이루어져 있고, 방들 가운데 벽을 사이에 두고 있습니다. 먼저 한쪽 방에 들어온 신청자가 기다리는 동안, 신청자 사연의 주인공이 다른 쪽 방으로 입장합니다. 신청자는 다른 쪽 방의 주인공을 알고 있지만, 정작 그 방의 주인공은 누가 자신을 보고 싶어 하는지 모른 채 '눈맞춤 방'에 들어가게 됩니다. 두 사람이 벽을 사이에 두고 각자의 방에 마주 앉으면 가운데 있던 벽이 올라가면서, 처음으로 상대방을 보게 됩니다. 사연의 주인공은 자신을 보고자 한 신청자가 누구인지 궁금해하면서 올라가는 벽을 응시하고, 신청자는 자신이 부른 주인공이 자신의 얼굴을 보았을 때 어떤 반응을 보일지 궁금해서 벽을 응시합니다. 이 순간 서로의 표정이 정말 흥미롭고 재미있습니다.

진행자인 강호동, 이상민, 하하 씨 등의 연예인 출연자들은 이 모습을 다른 공간에서 지켜보며 이야기를 나눕니다. 연예인이 진행자로 출연하기 때문에 예능 콘텐츠라고 할 수도 있지만, 프로그램의 전체적인 구성이나 분위기는 교양 콘텐츠에 가깝습니다.

마주 보게 된 두 사람이 5분의 '침묵의 시간' 동안 서로의 눈을 바라보는데, 아무런 말 없이 상대방의 눈을 5분이라는 긴 시간 동안 보아야 하는 이 구성은 서로의 마음을 상대에게 전하는 마법 같은 힘을 발휘합니다. 그러고 나서 서로의 속마음을 이야기하는 시간이 되면, 정말 진솔한 대화가 가능해집니다.

상당히 절제되어 있고 잘 만들어진 스튜디오 프로그램으로, 특히 '눈맞춤 방' 세트가 주는 정제된 분위기가 너무나 좋습니다. 공감이란 무엇인가를 잘 보여주는 좋은 프로그램으로, 연예인 진행자들의 역할도 아주 잘 구성되어 있습니다. 저는 이 프로그램을 보는 내내 〈아이콘택트〉의 기획자가 대단하다는 생각이 들었습니다. 기획안을 만들고 콘텐츠를 제작하기까지 내부 설득이 쉽지 않았을 것 같아 보였거든요. 지금은 여러 재미있는 사연을 방송하고 나서 상당히 좋은 평가를 받는 프로그램이 되었지만, 처음 시작할 때는 아마도 많은 반대가 있었을 것으로 생각됩니다.

영상 콘텐츠 제작은 많은 제작비와 인력이 투입되기 때문에 기획안 선정과 제작 확정 그리고 이에 따른 제작비 투입 등의 과정이 길고도 험난합니다. 기획안을 만드는 작업이 자신과의 싸움이라면, 기획안이 채택되어 전파를 탈 수 있도록 하는 이후의 과정은 타인을 설득하는 과정의 연속입니다. 나와는 생각이 다른 사람들을 설득시킬 수 있어야 기획안이 프로그램 제작으로 이어질 수 있고, 이렇게 만들어진 콘텐츠는 비로소 방송을 통해 시청자에게 평가를 받을 수 있습니다.

기획안을 의사결정자에게 프레젠테이션하는 것은 공식적으로 제작을 시작하는 첫 관문입니다. 그동안 준비해온 것에 대해 회사의 추인을 받아 예산과 인력을 배정받는 중요한 과정입니다. 이 관문을 통과하지 못하면 그동안 했던 반복적이고 지루한 회의들은 모두 무의미한 것이 됩니다. 모든 것을 걸고 설득해서 통과를 시켜야 하는 것이 PD에게 주어진 임무입니다. 방송사나 콘텐츠 제작사마다 수많은 프로그램이 제작되고 방송되어 유통되는데, 이는 모두 의사결정자들을 설득시키는 과정을 통과한 것들입니다.

몇 달간 이어진 작가와 PD의 노력이 짧은 시간에 평가되고 결정되므로 기획안의 프레젠테이션 시간은 긴장감이 대단합니다. 의사결정권자 앞에서 자신의 기획안을 발표하는 순간에는 손에 땀이 날 정도로 긴장되고, 말이 제대로 나오지 않을 정도로 떨리는 상태가 됩니다. 이 긴장의 시간에 가장 중요한 것은 의사결정권자에게 믿음을 주는 것입니다. 내가 지금 이야기하고 있는 이 기획안은 확실하게 성공한다는 PD 자신의 믿음이 의사결정권자에게도 전달되어야 합니다.

만약, 프리젠테이션을 하는 동안 이러한 확신을 보여주지 못하면 그 기획안은 통과될 가능성이 없습니다. 너무 긴장해서 기획안을 만든 사람이 확신이 없어 보이면, 그건 의사결정자 입장에서는 최악의 기획안과 다름없어 보입니다. 평가자의 눈을 바라보며 확신에 가득 찬 자신만만한 눈빛을 보여주어야 합니다. 평소 대화를 할 때, 상대의 눈을 진지하게 바라보며 이야기하는 습관과 자신의 확신을 타인에게 보여주는 훈련이 몸에 배어 있도록 연습해두면 좋습니다.

〈사랑의 리퀘스트〉는 우리 주변 이웃들의 아픔을 함께 나누기 위해 생방송으로 후원금을 모금하는 프로그램입니다. 전화 한 통으로 1,000원을 손쉽게 기부할 수 있도록 하여 큰 호응을 얻었고, 영향력 있는 사회 공헌 프로그램으로 자리를 잡았습니다. 매회 평균 1억 원이 넘는 기금을 모으며 도움이 필요한 많은 이웃들에게 실질적인 지원과 혜택이 돌아가도록 하였습니다. 그런데 이 프로그램에 대한 긍정적인 의견과 함께 비판적 내용이 방송 초창기부터 있었습니다. 타인의 불행과 고통스러운 모습을 방송하여 동정심을 유발하도록 하는 것이 적절한가 하는 시선과 모두가 시청하는 방송 콘텐츠로서는 부적합하다는 여론이 있었던 것이지요. 게다가 실제 방송되는 사연 속 인물들이 더 힘든 상황에 있는 경우에는 모금 액수가 증가하는 경향이 있었으며, 모금 액수가 프로그램의 시청자 참여를 계량하는 척도로 생각되어 프로그램의 내용이 점차 자극적으로 되어간다는 비판도 있었습니다.

제가 〈사랑의 리퀘스트〉를 맡게 되었을 때는 우리 사회가 빠르게 발전하면서 프로그램이 시작할 때와는 다르게 기부나 사회 공헌에 대한 인식에 큰 변화가 생기던 때였습니다. 이런 상황이었기에 좋은 의도는 계속 유지하되, 프로그램에 새로운 변화가 필요하다는 인식이 시작되던 시기였죠. 이 프로그램에 애정을 가지고 참여하고 있던 저는, 이러한 시대의 변화를 감지하고 남들보다 조금 빠르게 당시 프로그램에 연결이 돼 있던 NGO 담당자들과 새로운 변화를 만들어낼 방향에 대해 고민하기 시작했습니다. 그래서 만들어진 것이 바로 〈사랑의 리퀘스트, 1%〉입니다.

당시 '아름다운 가게'라는 NGO에서 자신의 1%를 주변의 어려운 이웃들과 나누자는 캠페인을 하고 있었는데, 누구에게나 부담스럽지 않은 1% 기부 운동이 제 마음에 들어왔습니다. 솔직히 저는 〈사랑의 리퀘스트〉에 참여하기 전까지는 기부나 봉사 같은 사회 공헌 프로그램에 관심이 많이 없었습니다. 그러던 제가 프로그램을 제작하면서 많은 것을 보고 느끼며, 이런 것들이 개인적으로도 영향을 주어 의미 있는 일에 참여해보고 싶다는 작은 소망이 생겨났습니다. 그리고 이제는 고통받는 이웃들에게 용기와 희망을 주는 사람들의 이야기가 중요하다고 생각하게 되었고요. 기부나 봉사 같은 사회 공헌 활동이 어렵거나 힘든 일이 아니라 누구나 쉽고 즐겁게 참여할 수 있는 일이라는 것을 이 프로그램을 통해 배웠고, 이런 생각들을 시청자들과 나누고 싶었습니다. 그래서 작가, 그리고 NGO 담당자들과 회의를 거쳐 기획안을 만들었고 이를 실제 제작에 반영하기 위해 내부 설득 작업에 돌입했습니다.

이 과정에서 저는 평소와 달리 책임감과 긴장감에 걱정이 앞섰습니다. 기획안을 만들기 위해 고생한 저의 시간을 보상받는 부분도 중요했지만, 함께 고생한 사람들을 생각하니 더욱 어깨가 무거워지는 것 같았습니다. 반드시 제작이 성사되어야 한다는 부담감이 밀려왔습니다. 이럴 경우 철저한 준비가 최고의 대책임을 여러 번의 경험으로 알고 있었기에 열심히 프레젠테이션 준비를 했습니다. 기존의 프로그램과 어떤 차별성을 줄 수 있는지, 그리고 이 프로그램은 과연 시청자들의 사랑을 받을 수 있는지 등. 설득해야 하는 것들을 하나하나 정리해서 답을 미리 만들어 두었고, 준비하지 못한 질문이 프레젠테이션 과정에서 나왔을 경우에는 어떻게 대처할 것인지에 대한 마인드 컨트롤까지 생각해두고 의사결정권자인 국장실로 들어갔습니다. 그리고는 저의 확신을 말투와 눈빛을 총동원해서 보여주었습니다.

제가 이 프로그램의 필요성에 대해 강하게 어필하는 과정 중에 가장 많이 들었던 질문은 기존 프로그램인 〈사랑의 리퀘스트〉가 있는데, 내용은 다르다 해도 비슷한 메시지를 주는 프로그램인 〈사랑의 리퀘스트, 1%〉를 제작하는 것이 맞는가

하는 것이었습니다. 이런 지적이 나올 거라고 예상하고 나름 대로 답변을 준비했지만, 부정적인 생각이 확고한 편성 측 담당자를 설득하기는 쉽지 않았습니다. 두 개의 프로그램을 모두 편성하기는 어렵다는 것이 편성 측의 의견이었습니다. 또다른 선택지인 이 기획안으로 〈사랑의 리퀘스트〉를 대체하자고 설득하기에는 당시 이 프로그램을 제작하고 있던 다른 PD들의 의사도 중요했기에 어려움이 있었습니다. 매주 방송사가 타인의 고통을 담은 영상을 보여주며 모금하는 것이 문제가 된다는 생각에는 다들 동의하고 있었지만, 전화 한 통으로 다른 사람에게 도움을 준다는 프로그램의 취지에 공감하는 시청자가 여전히 많았기에 당시에 이 프로그램을 〈사랑의 리퀘스트, 1%〉로 바꿀 명분이 부족했습니다. 매주 모이는 1억여 원의 돈이 너무나 긴급하게 도움이 필요한 사람들에게 요긴하게 전해지고 있다는 사실도 중요했고요. 이런 복잡한 이유로 설득이 쉽지 않아 저의 기획안 통과는 난항을 겪고 있었습니다. 그러나 저의 확신을 믿어준 팀장의 중재안이 받아들여져, 제 기획안은 한 달에 한 번 〈사랑의 리퀘스트〉 시간에 특집 형식으로 방송하는 것으로 결정되었습니다.

〈사랑의 리퀘스트, 1%〉의 기획안에서 가장 신경을 많이 썼던 부분이 바로 인기 스타의 해외 봉사였습니다. 당시 지상파 방송에서는 시도되지 않았던 스타들의 해외 봉사 활동을 최초로 보여주고자 한 것입니다. 사회 공헌 활동이 즐거운 과정이라는 프로그램의 취지를 잘 전달해줄 수 있는 출연자가 중요했고, 섭외에 많은 고민을 했습니다. 당시 지금은 고인이 된 연기자 조민기 씨가 NGO 단체의 홍보대사였는데, 그의 추천으로 만난 사람이 바로 핑클의 멤버였던 이효리 씨였습니다. 솔직하고 당당한 이미지를 가지고 있던 그녀는 사회 문제에도 많은 관심이 있었는데, 저의 프로그램 콘셉트에 대한 설명을 듣고는 흔쾌히 출연을 승낙했습니다. "나에게는 부담이 되지 않는 1%의 나눔으로 즐거운 기부 경험을 선물 받게 된다"는 의미를 시청자에게 함께 전달하는 것에 동의해주었습니다. 나중에 그녀는 아프리카의 작은 마을에 다녀온 후 인터뷰에서 처음에는 자신이 무언가를 해주기 위해 그곳에 가는 것으로 생각했었는데, 오히려 그곳 아이들에게 삶에 대해 배우고 왔다고 이야기하기도 했습니다.

〈사랑의 리퀘스트, 1%〉의 첫 방송 때 했던 가장 큰 고민은 그동안 매회 1억여 원씩 모금이 되던 "따르릉 1,000원입니다"라는 구호를 빼고 전화 모금을 하지 않을 것인가, 아니면 그래도 이 프로그램의 가장 큰 상징인 전화 모금을 그대로 유지해야 하는가였습니다. 이 모금액은 어느 순간부터 〈사랑의 리퀘스트〉의 시청률과 비슷한 평가의 기준이 되어버렸고, 모금액이 적은 회차는 혹시 프로그램의 내용이 좋지 않았는지에 대한 고민거리를 주기도 했었거든요. 모금하기 위한 방송이 아니라 기부나 모금에 참여하는 사람들의 아름답고 편안한 모습을 보여주고자 한 기획에 전화 모금은 사실상 필요가 없었지만, 프로그램의 상징과도 같은 모금을 빼는 결정은 신중해야 했습니다.

결국 고민 끝에 매주 방송되는 〈사랑의 리퀘스트〉 시청자들에게 혼선을 줄 수도 있다는 의견이 우세해, 새롭게 시작한 이 특집에도 전화 모금을 그대로 유지하도록 했습니다. 내용과 관계없이 시청자가 기부에 참여할 수 있도록 하는 것이 시청자에 대한 예의라고 생각한 결정이기도 했습니다. 대신 방송 중에 진행자가 모금을 독려하는 말은 하지 않는 것으로 했습니다. 다행히 첫 방송의 반응은 상당히 좋았습니다. 그래서 모금액이 평소보다 줄었음에도 불구하고 한 달에 한 번은 〈사랑의 리퀘스트, 1%〉라는 부제를 달고 특집 방송을 하기로 확정이 되었습니다. 그리고 이 특집은 그 뒤 〈희망 로드 대장정〉이란 이름으로 편성되어 매년 방송되는 대형 프로그램으로 발전했습니다.

PD는 설득하고 확신을 심어주는 사람

PD라는 직업은 자기의 생각을 다른 사람에게 전달하여 설득해야 하는 일이 대부분입니다. 기획안의 프레젠테이션을 거쳐 제작이 확정된 후에도 출연자에게 PD의 생각과 프로그램에 대한 확신을 보여주며 설득해야 하고, 촬영 현장에서도 모든 스태프에게 자신의 확신을 설득하고 보여주어야 원하는 모습의 콘텐츠가 제작될 수 있습니다. 다시 한번 말씀드리지만, 가장 중요한 것은 자기 확신입니다. 기획자가 자신의 기획에 대한 확신을 갖지 못하거나 확신을 명확하게 표현할 방법을 모른다면 그 콘텐츠는 제작될 수 없습니다. 자기 확신을 스스로 만들어내고, 그렇게 생긴 확신을 어떻게 표현할 것인지에 대한 고민을 끊임없이 해야 합니다.

자기 확신의 가장 좋은 방법은 주변에 자기 생각을 진솔하게 이야기하고 피드백을 듣는 것입니다. 믿고 있는 주변 사람들에게 자신이 확신을 가지고 있는 이야기를 들려주고, 그들이 보여주는 피드백으로 계속해서 기획안을 업그레이드해

간다면 저차 확신이 더 확고해짐을 느끼게 될 것입니다. 이것은 또한 나의 확신을 높이고 주변의 지원군을 늘리는 가장 좋은 방법이기도 합니다.

17

키워드 하나로 차별점 만들기

각각의 콘텐츠는 다릅니다. 그런데 콘텐츠 소비자의 입장에서 보면 수없이 많은 콘텐츠가 비슷비슷해 보입니다. 콘텐츠의 핵심 가치는 한마디로 말할 수 있어야 합니다. 그래야만 소비자의 눈에 아주 특별하게 보이게끔 할 수 있는 차별점이 됩니다.

콘텐츠 기획안은 투자자나 정책 결정자를 설득하려는 목적으로, 제작하고자 하는 내용에 관해 설명을 쉽게 하고자 작성됩니다. 정해진 특별한 형식은 없지만, 일반적으로 들어가는 내용을 살펴보면 먼저 콘텐츠 제작 환경과 콘텐츠 시장 환경에 대한 분석을 제시합니다. 그리고 이를 바탕으로 왜 이런 콘텐츠 기획을 하였는지 '기획 의도'를 기술합니다. 그리고 어떤 기획 의도를 가지고 어떠어떠한 형식과 내용의 콘텐츠를 기획했다고 정리합니다.

영상 콘텐츠 기획서의 경우에는 시나리오 또는 콘티 형식으로 작성을 하기도 하는데요. 이 경우에는 각각의 장면(secne)에 대한 적절한 이미지와 내용에 관한 설명이 필요합니다. 간혹 샘플 영상을 제작하는 경우도 있는데, 이는 편집 자체에 시간과 노력이 소모되는 작업이고, 자칫 샘플 영상의 완성도가 떨어지면 없는 것보다 못한 상황이 될 수도 있으니 신중하게 고민해서 형식과 내용을 결정해야 합니다.

사실 기획안을 쓴다는 것은 말로 하는 설명을 보조하기 위함이거나 대면으로 이야기하기 어려운 상대에게 자기 생각을 문서로 전달하기 위한 것입니다. 그런데 언제부터인지 특정 형태의 틀이 생기고, 많은 내용을 담아야 하는 것이 필수처럼 돼버렸습니다. 시중에는 기획안을 잘 쓰는 비법을 전수하는 책도 많이 나와 있고요. 핵심 내용이 중요한데 기획안 형식에 너무 집착하고 있는 것 같아 안타깝습니다.

물론 기획안의 형식을 이야기하는 것이 무조건 잘못되었

다는 뜻은 아닙니다. 현실적으로 대부분의 콘텐츠 제작 공모 사업에서 기획안을 요구하고 있으며, 이런 절차에 응모할 경우 기획안의 내용이 형식에 맞추어 충실하게 채워져 있으면 선정에 유리한 것이 사실이니까요. 수많은 기획안 중 일부만을 선정해야 하는 절차에서는 여러 명의 심사위원이 공동으로 평가를 하고, 각각의 심사위원이 준 점수를 합산하여 평균을 내는 것이 일반적입니다. 이런 절차에서 심사위원들은 기획안 작성에 시간과 공을 들인 것에 더 높은 점수를 줄 수밖에 없습니다. 아이디어가 좋은지에 대한 판단은 주관적이므로 심사위원들마다 다를 수 있지만, 기획안에 들어간 노력에 대한 평가는 대부분 비슷할 것입니다. 그러니 비슷한 수준의 아이디어라면 아무래도 기획안을 성실하게 준비한 쪽이 심사에 유리할 수밖에 없겠지요. 그래서 경쟁이 치열한 공모의 기획안들은 대부분 상당히 많은 내용을 담고 있고, 보기 좋은 폰트나 그래프를 사용하여 멋지게 만듭니다. 그리고 이런 노력이 콘텐츠 기획자의 성실함과 성의를 보여주는 것처럼 느껴지게 됩니다. 형식을 일종의 예의로 판단하는 경우도 있어서 형식을 갖추지 않으면 성의 없는 것으로 평가를 하기도 하니 이 부분에서는 주의해야 합니다.

그럼에도 불구하고 기획안에 있어서 가장 중요한 부분은 핵심이 되는 내용입니다. 아무리 많은 내용이 담겨 있더라도 평가자나 결정 책임자를 흔들 수 있을 만한 것이 없다면 그 기획안은 채택되기 어렵습니다. 정말 멋진 콘텐츠 기획 아이디어는 한마디의 핵심가치만으로도 이 분야에서 어느 정도 경력이 있는 전문가라면 그 가치를 바로 알아봅니다. 긴 설명이 필요하지 않습니다. 기획안의 한마디 핵심 키워드가 수십 페이지가 넘는 내용들보다 중요하다 하겠습니다.

최초의 낚시 예능 프로그램이라 할 수 있는 〈나만 믿고 따라와 도시어부〉는 낚시광으로 유명한 이덕화 씨와 이경규 씨를 메인 출연자로 한 다큐형 예능 프로그램입니다. 출연자들에게는 취미인 낚시도 즐기면서 방송 촬영도 하니 너무나 좋은 프로그램일 수 있지만, 그동안 예능 콘텐츠의 소재로 낚시는 성공한 적이 없기 때문에 기획이 되어 방송을 타게 된 것만으로도 처음에는 화젯거리였습니다. 제목과 출연자로 단번에 프로그램 성격을 알 수 있기 때문에 핵심 키워드가 "낚시꾼 이덕화와 이경규"라고 할 수 있겠습니다. 낚시가 예능 콘텐츠로 재미있기 어렵다는 생각도 있지만, "이덕화와 이경규

의 입담과 함께 낚시를 즐긴다면" 하는 호기심을 불러일으킬
수 있었죠.

　프로그램 내용은 아주 단순합니다. 낚시를 좋아하는 이덕
화 씨와 이경규 씨가 규칙을 정해두고 낚시 대결을 하면서 일
어나는 모든 상황을 리얼리티 프로그램처럼 보여주고 있습니
다. 동호인이 가장 많다는 취미인 낚시이니, 흥미 있게만 제작
할 수 있다면 성공 가능성이 많은 아이템이었죠. 그런데 낚시
는 오랜 시간의 기다림이 필수인 취미여서 방송 콘텐츠로 재
미를 만들기는 생각보다 쉽지 않습니다. 그러니 결국 이 콘텐
츠의 핵심은 이경규 씨와 이덕화 씨의 토크쇼가 될 수밖에 없
지요. 토크쇼의 배경이 낚시인 것이고요. 그래서 제 생각에 이
프로그램의 핵심 키워드는 낚시보다도 '이경규와 이덕화의
토크'입니다.

　콘텐츠 제작이 완료되어 홍보 마케팅을 할 때도 가장 중
요한 것은 그 콘텐츠가 다른 콘텐츠들과 어떠한 차별점을 가
지고 있는가를 어필하는 것입니다. 각각의 콘텐츠는 사실 저
마다 다릅니다. 기존의 것들과 똑같은 콘텐츠라면 애초에 기
획되지 않았을 테지요. 그런데 소비자 입장에서 보면 수없이

많은 콘텐츠가 다 비슷비슷하게 보이지요. 콘텐츠 제작자들이 강조하고 싶어 하는 '강점'보다, 콘텐츠 소비자들은 콘텐츠들의 '문제점'을 더 빨리 발견합니다. 그런 소비자의 눈에 아주 특별하게 보이게끔 할 수 있는 것을 콘텐츠에서 찾아내는 것이 홍보 마케팅에서 가장 중요한 부분입니다.

가장 쉬운 방법이 출연자를 이용하는 홍보 마케팅입니다. 대중들은 연예인에 대한 관심이 크기 때문에 관심 있는 출연자가 등장하는 콘텐츠는 대단한 마케팅 없이도 홍보가 가능한 편이지요. 그래서 많은 출연료를 들이더라도 스타를 출연시키려고 하는 것입니다. 대부분의 대작 콘텐츠들은 출연하는 스타를 앞세워 홍보합니다. 가장 효과적인 방법이니까요. 그런데 출연자가 다른 콘텐츠에 비해 관심을 덜 받는 경우에는 어떻게 해야 할까요? 당연히 출연자 외에 소비자들이 흥미를 느낄 만한 다른 포인트를 찾아야 합니다. 기존에 히트작이 있는 연출자나 작가가 홍보 포인트가 되기도 하고, 독특한 스토리를 가졌거나 누군가 유명인이 좋은 평을 했다거나 하는 것들도 홍보 포인트로 작용합니다. 그리고 하나 더, 새로운 기법이나 기술이 홍보 포인트가 될 수도 있습니다. 과학 기술에 대한 사람들의 호기심은 새롭게 이를 적용한 콘텐츠에 대한 관심으로 자연스레 이어지는 법이지요. 첨단 기술과 함께 최신 문화 트렌드를 담아내는 콘텐츠가 시청자의 관심을 끌기도 합니다. 'MCN', '웹드라마', '유튜버' 등과 같은 최신의 영상 콘텐츠 트렌드를 방송 프로그램과 연결하는 것도 홍보 마케팅에 의미 있는 효과를 만들어냅니다.

2015년 'KBS 웹드라마 협의체'를 조직한 후 시작된 KBS 브랜드의 웹드라마 사업의 가장 큰 목표는 시청자에게 올드한 이미지로 인식되어 있던 KBS를 젊게 만드는 것이었습니다. '젊은 감각의 콘텐츠'라는 이미지를 가진 웹드라마 사업에 KBS가 뛰어들었다는 것으로 마케팅과 홍보를 집중하여, KBS의 이미지 변화를 꾀하려고 시도한 것이었죠. KBS 1호 웹드라마 〈프린스의 왕자〉를 시작으로 6개의 작품이 KBS와 외주제작사의 협업으로 진행되었습니다. 〈프린스의 왕자〉는 원래 네이버에서 연재되었던 인기 웹툰으로, 이 웹툰의 드라마 판권을 산 외주제작사와 KBS가 함께 'KBS 1호 웹드라마'로 기획을 했습니다. 당시 웹드라마의 공식이었던 주인공은 아이돌, 웹툰 원작, 적은 제작비, 이 세 가지 모두를 지켜 제작되었습니다. TV 드라마보다 적은 제작비를 투입하는 웹드라마는 참신한 소재와 참신한 출연자로 승부를 봐야 하기에, 웹 툰이나 웹 소설 원작을 이용하거나 아이돌을 주인공으로 캐 스팅합니다. 이미 높은 인지도를 가진 웹툰 또는 웹 소설을 원 작으로 해서 웹드라마 콘텐츠 소비 주요 계층인 10대들의 관 심을 끄는 전략을 사용합니다.

아이돌 캐스팅은 웹드라마의 바이럴(입소문) 홍보에 아주 효과적이면서 출연료는 유명 배우를 섭외하는 것보다 적게 든다는 엄청난 장점이 있습니다. 아이돌 그룹 멤버의 입장에 서도 웹드라마의 주인공은 TV 드라마에 비해 덜 부담스럽게 도전할 수 있다는 점이 매력적이지요. 그런데 강력한 팬덤을 가진 아이돌은 유명 연기자보다 광범위한 시청자들의 관심을 끌기는 어렵습니다. 열성 팬들의 노력으로 입소문을 내는 데 에는 효과가 있지만 많은 시청자를 모으는 것에는 아무래도 한계가 있습니다. 이런 한계를 극복해보고자 KBS 웹드라마 사업은 공동 제작 발표회라는 독특한 마케팅 행사를 진행했 습니다. 웹드라마 제작사들과 공동 기획한 작품이 3개 이상이 되었을 때, 각 웹드라마의 주인공들을 한자리에 모아 공동으 로 제작 발표회를 개최하여, 언론과 콘텐츠 소비자들의 관심 을 극대화하는 방식을 생각한 것입니다.

일반적으로 웹드라마는 하나의 작품이 TV 드라마의 단막극 정도 분량인 60~70분입니다. 가장 큰 관심을 받는 TV 드라마인 '미니시리즈'가 60분짜리 방송이 15회 이상인 것과 비교하면 규모 면에서 아주 작은 콘텐츠이지요. 이런 이유로 웹드라마는 작품마다 제작 발표회를 하기에는 부족한 여건이 많습니다. 그래서 여러 외주 웹드라마 제작사의 작품을 한꺼번에 제작 발표회에서 소개하는 방식으로 언론과 시청자들의 관심을 극대화하고자 했습니다. 이런 공동 제작 발표회는 의도했던 대로 언론에서 많은 관심을 두었고, 다른 웹드라마들에 비해 홍보 마케팅 효과가 좋은 편이었습니다.

내 콘텐츠만의 '다름'을 찾아내는 법

불과 몇 년 전만 해도 방송사의 콘텐츠 시장은 공급자 위주였고, 방송 프로그램은 시장과는 무관한 예술 작품처럼 제작자들에게 인식되어 있었습니다. 이런 시장에서는 홍보나 마케팅은 부차적인 문제였고, 가장 중요한 것은 프로그램의 완성도였지요. 그러다 보니 최근까지도 방송사 내부에서는 홍보나 마케팅 관련 업무는 중요하게 생각되지 않던 분야였습니다. 그러나 방송 시장이 빠르게 변화하여 시장에서의 평가가 방송사의 생존과 직결되는 환경이 되자, 이제 모든 방송 콘텐츠 제작자들은 마케팅의 중요성을 너무나도 잘 알고 있습니다.

홍보 마케팅은 콘텐츠가 보유한 '다름'을 찾아내고, 이를 콘텐츠 소비자가 이해할 수 있는 한마디 핵심가치로 만들어 소통하는 것이라 할 수 있습니다. 그러므로 홍보 마케팅 소재인 '한마디의 핵심가치'를 특정 콘텐츠에서 찾아내는 직관이 필수적인데요, 이러한 직관은 어느 정도는 타고나는 것이지만, 꾸준한 노력과 연습으로도 길러지는 것 같습니다. 늘 호기심을 가지고 모든 것으로부터 새로운 트렌드를 잡아내는 자신만의 방식을 만들어, 이를 습관화하는 노력이 필요합니다.

자신이 좋아하는 행동이 트렌드를 미리 읽을 수 있는 방식이 되도록 해야 합니다. 책을 좋아하는 분들은 매주 한 번 대형 서점에 가는 것을 습관으로 만들면 됩니다. 술을 좋아하는 분은 매번 다른 지역의 술집을 찾아서 유흥 문화의 변화를 직접 체험해보는 습관을 만들 수 있겠지요. 음악을 좋아한다면 음악 동호인 모임에 매주 나가는 것을 습관으로 갖는 것도 좋은 방법이 될 수 있습니다. 기획자에게는 자신의 사소한 행동이나 소비가 생산적인 것이 될 수 있도록 하는 것이 필요합니다.

18

'처음'이라는 새로운 시도

새로운 것에 호기심을 느끼고 설레는 마음을 가지는 것은 좋은 콘텐츠를 기획하고자 하는 기획자에게 중요한 자질입니다. 새로운 것을 접했을 때, 두려움과 함께 설레는 호기심을 느낄 수 있다면 다른 사람들이 만들어내지 못하는 독특한 콘텐츠를 제작할 수 있습니다.

〈VR 휴먼다큐멘터리 너를 만났다〉는 혈액암으로 갑작스럽게 세상을 떠난 7살 딸을 어머니가 VR(Virtual Reality)을 통해서 만나는 모습을 담은 다큐멘터리입니다. VR이라는 새로운 기술을 적극적으로 받아들여 방송이 추구하는 휴머니즘과 결합한 문제작이라 하겠습니다. 실제로 가상현실(VR) 기술은 이미 '인간 심리 치유 영역'에서 활용되고 있는데요. 극적인 이야기를 첨단 기술로 풀어낸 이 새로운 콘텐츠는 기획자가 가지고 있는 VR 기술에 대한 호기심에서 출발한 것이라 할 수 있겠습니다. 몇 장의 사진과 몇 개의 동영상으로도 가상현실 속에 인물의 모습과 목소리를 구현할 수 있는 기술적 진보를 발 빠르게 적용한 작품입니다.

죽은 애완견을 가상현실에서 만나게 해주는 VR의 사업 아이디어 사례가 해외 뉴스에 등장한 적이 있었습니다. 저도 이 뉴스를 접하고 앞으로 가까운 미래에 고인이 된 부모님이나 애인도 가상현실에서 볼 수 있는 날이 오겠다 싶은 생각이 들었습니다. 아마 이 뉴스를 보고 저와 비슷한 생각을 하신 분들이 많이 있을 것 같습니다. 지금은 체험하려면 큰돈이 든다고 하니 다소 시간이 걸리겠지만, 미래에는 이 사업 아이템이 아주 유망할 거라고 뉴스를 접한 대부분의 사람이 생각했을 겁니다. 그런데 이 콘텐츠의 기획자는 거기에서 멈추지 않고 이 아이디어를 실제 방송 콘텐츠로 제작하려고 과감한 시도를 했습니다. 처음 준비부터 제작까지 7개월이 걸렸다고 하니 대단한 것 같습니다.

국내에서는 처음 시도하는 작업이었기 때문에 제대로 된 결과물을 만들 수 있는 VR 업체를 찾는 것부터 가상현실 속 인물을 현실의 인물과 똑같이 재현해내는 작업까지 어려움이 많았을 것입니다. 그리고 사연의 주인공을 찾아 설득하고 그 이야기를 바탕으로 대본을 쓰는 작업도 필요했을 것이고요. VR 속의 가상현실을 TV 화면으로 보여주는 문제도 어떻게 연출해야 할지 고민을 많이 했을 겁니다. 누구도 하지 않았던 것을 처음 시도할 때는 걱정과 함께 그걸 해냈을 때의 희열이 공존하기 마련입니다만, 혹시 제대로 되지 않으면 어쩌나 하는 걱정은 마지막 순간까지 기획자를 힘들게 합니다.

이런 걱정과 고민에도 불구하고 무언가를 처음으로 해본다는 것이 주는 설렘과 해냈을 때의 희열은 새로운 분야에 도전하게 하는 강한 원동력이 됩니다. 콘텐츠 기획자들에게 새로운 분야에 대한 강한 호기심과 목표를 향한 저돌적인 추진력은 성공적인 콘텐츠를 만들기 위한 기본 자질이라 하겠습니다.

인터넷의 등장으로 그동안 미디어의 왕좌를 지키고 있던

TV와 라디오에서도 쌍방향 소통이라는 인터넷의 장점을 반영하려는 시도들이 꾸준히 이어져 왔습니다. 특히 생방송으로 오디션 참가자들의 탈락을 결정하는 형태의 프로그램들은 방송과 IT 기술이 결합해 가는 요즘의 미디어 추세를 잘 보여준다고 할 수 있습니다. 오디션 프로그램의 경우 시청자들의 생방송 문자 참여 형태로 방송 콘텐츠 안에서 시청자와의 양방향 소통을 시도하는 것은, 이제 지상파 방송에서도 자연스러운 형식으로 자리를 잡았습니다. 라디오 역시 생방송 문자 참여 형식은 대세가 되었고요. 그리고 드라마에서도 이런 시도들이 꾸준하게 실험되고 있습니다.

저도 앞에서 예를 들었던 〈아이돌 특집, 사랑과 전쟁〉에서 이런 시청자 참여 형식을 시도해본 경험이 있습니다. 모바일 메신저의 사용이 일상화되면서 적극적으로 참여하는 것에 익숙한 세대들을 겨냥한 기획으로, 시청자들의 모바일 투표로 드라마 속 여주인공의 선택이 결정되는 양방향 드라마였습니다. 나라면 이런 선택을 하겠다는 다수 시청자의 생각을 바로 드라마의 결말로 보여주는 방식을 지상파 최초로 시도한 것입니다.

'레인보우'의 오승아 씨와 'BTOB'의 이민혁 씨 그리고 떠오르는 신예 배우 강태오 씨를 주인공으로 섭외하고, 배우들에게 지상파 최초의 양방향 드라마에 참여하는 것의 중요성에 대해 열심히 설명했습니다. 저는 이들이 단순한 드라마가 아닌 새로운 형식의 양방향 드라마에 참여하는 것에 자부심을 느끼도록 하고 싶었습니다.

70분 길이의 〈사랑과 전쟁〉은 매번 다른 사연의 여자 주인공이 반전 가득한 이야기 속에서 고뇌하는 내용이 펼쳐집니다. 이런 구조는 결말 부분의 클라이맥스에서 주인공의 어려운 선택을 남겨두게 되는데, 저는 〈아이돌 특집, 사랑과 전쟁〉이 양방향 드라마로서 최적의 조건을 갖추고 있다고 판단했습니다. 그래서 남녀 주인공의 삼각관계를 두어 마지막에 여주인공이 두 명의 남자 주인공 중 한 명을 선택해야 하는 상황으로 이야기를 만들었습니다. 제작진은 두 가지 선택의 이야기를 모두 촬영하여 편집해 준비하고 있다가, 방송 결말 부분에서 시청자들의 실시간 문자투표가 많은 이야기만 방송하는 식으로 진행했습니다.

주인공 여자(오승아)가 7년 동안 사귄 남자 친구(강태오)와 갑자기 나타나 사랑의 감정을 느끼게 된 연하남(이민혁) 사이에서 갈등하다 마지막 순간에 누구를 선택할 것인가 하는 내용의 양방향 드라마. 그래서 부제는 '그녀의 선택'이었습니다. 드라마 홍보를 위해 가진 제작 발표회 자리에서 여자 주인공인 오승아 씨는 자신이라면 7년 사귄 남자를 선택할 거라고 이야기하기도 했습니다.

이 드라마의 시청자 참여를 위해 카카오톡과 라인 등 모바일 메신저 업체들과 협의를 진행하였고, 카카오톡이 최종적으로 함께 이 프로젝트를 진행하게 되었습니다. 그래서 이 프로젝트의 홍보 문구를 "카카오톡과 함께 만드는 양방향 드라마, 아이돌 특집 – 사랑과 전쟁 2"로 확정하고 카카오톡에 '아이돌 특집, 사랑과 전쟁' 플러스 친구 방을 개설한 후, 시청자 투표를 진행하였습니다. 당시 제가 중심이 되어 기획을 진행하다 보니 관련 내용을 잘 이해하고 있는 인력이 저밖에 없어 연출과 함께 양방향 방송을 위한 모든 준비를 혼자서 거의 다해야 했습니다.

방송이 시작되고, 여자 주인공의 최종 선택이 이루어지기 직전까지 시청자는 문자투표로 원하는 결말을 선택할 수 있었습니다. 어떤 선택이 좋을지 고민하는 시청자를 위해서 다른 사람들의 선택 상황을 실시간으로 방송 화면 왼쪽 상단에 보이도록 했습니다. 시청자들이 드라마를 시청하는 동안, 함께 보고 있는 다른 시청자들의 선택을 확인하며 본인도 투표할 수 있도록 말이지요. 이렇게 최종 선택 시간까지 실시간으로 집계된 시청자의 의견대로 두 개의 결말 중 하나가 방송을 타게 되기 때문에 시청자들의 몰입도가 높을 것이라 판단했습니다.

70분 드라마 중 60분 정도만을 송출 부조(최종 완성된 방송 콘텐츠가 전파를 통해 보내지는 방송국 시설)에 납품하고, 나머지 10분 분량은 두 개의 방송용 테이프에 담아 생방송 부조정실에 앉아 시청자들의 문자투표 결과를 지켜보던 순간이 지금도 또렷합니다.

'처음'은 마케팅에서도 중요한 홍보 포인트

콘텐츠의 장점을 찾고 이를 극대화하여 홍보하는 포인트를 만드는 마케팅 전략 세우기는 콘텐츠 제작이 완료된 다음에 시작하는 것이 아니라 기획안을 만들면서부터 이루어집니다. 기획안을 만들고, 의사 결정자를 설득하고, 출연자를 섭외하고, 스태프를 구성하는 촬영 전 준비 단계마다 PD는 자신이 생각하고 있는 콘텐츠에 대한 명확한 그림을 그려두고 이를 설명할 수 있어야 합니다. 특히 처음 시도하는 콘텐츠일 경우에는 '처음'이라는 마케팅 포인트를 적극적으로 활용할 필요가 있습니다.

저도 '양방향 드라마'라는 기획을 세우고 제작에 들어가기 전부터 프로그램 홍보를 위한 마케팅 전략을 함께 구상했는데, 이런 방식이 수많은 콘텐츠가 쏟아지고 있는 콘텐츠 무한 경쟁 시대에 맞는 효율적인 방식이라 생각합니다.

사실 제가 입사했던 1990년대에서 2000년대 초반까지는 지상파 방송사 내부에 '마케팅'에 대한 관심은 전혀 존재하지 않았습니다. 경쟁하는 방송사가 몇 개뿐이었기에 프로그램 홍보는 방송사 채널 내에서 예고편을 미리 보여주는 정도면 족했던 시절이었습니다. 하지만 이후 케이블, IPTV 등 새로운 TV 매체가 계속 등장하고 스마트폰이 콘텐츠 소비의 중심으로 자리를 잡으면서, 콘텐츠 소비자들의 행태를 완전히 변화시켰습니다. 여기에 종편의 약진은 더 이상 지상파 방송의 프로그램을 시청자가 기다려주던 시대는 끝났음을 뜻하는 것과 다름없습니다. 지상파 프로그램도 이제는 기획 단계에서부터 마케팅 전략을 함께 고민하고 있습니다. 언론과 SNS에서 관심 가질 만한 마케팅 홍보 전략을 프로그램이 제작되어 방송

되는 시점까지 이어갈 수 있어야 시청률로 연결할 수 있기 때문입니다. 이런 맥락에서 양방향 드라마 기획의 경우에도 시청자 참여를 어떤 플랫폼으로 할 것인가부터 마케팅 포인트가 되었기 때문에 이왕이면 젊은 세대들이 많이 이용하는 카카오톡이나 라인 같은 모바일 메신저를 활용하는 게 좋겠다고 판단했던 것이고, 여기에 아이돌을 드라마 주인공으로 참여시킨 것도 마케팅을 고려한 선택이었다고 할 수 있습니다.

드라마의 제작 발표회는 통상 방송 1주일 전에 개최합니다. 우리 양방향 드라마도 방송 1주일 전 제작 발표회를 하면서 시청자들의 실시간 투표를 통해 드라마의 엔딩이 결정된다는 점을 어필하기 위해 투표 방법을 기자들에게 공개하고 실제로 직접 투표도 해볼 수 있도록 했습니다. 그리고 아이돌 스타인 드라마 주인공들이 제작 발표회에서 촬영 에피소드나 투표 결과에 대한 생각 등을 말하도록 해서 관련 기사가 많이 나갈 수 있도록 하기도 했습니다.

처음 새로운 분야에 도전하는 것은 난관이 많습니다. 하지만 그런 어려움에 비례하여 성공에 대한 기대감과 그에 따른 기분 좋은 '설렘' 또한 함께합니다.

19

가상 세계관과 '부캐'

가상 설정의 배경과 가상 캐릭터가 새로운 콘텐츠의 흐름으로 자리를 잡았습니다. '부 캐릭터'가 이제 TV 콘텐츠에서도 자연스럽게 받아들여지는 환경이 조성되었고요. 가상 세계에 대한 이해가 콘텐츠 산업에서 중요한 요소로 떠오르고 있습니다.

〈우리 결혼했어요〉는 리얼 버라이어티 예능 프로그램으로, 남녀 연예인들이 짝을 이뤄 결혼했다는 설정 하에서 벌어지는 이야기들을 리얼리티 프로그램 형식으로 제작한 콘텐츠입니다. 가상으로 결혼했다는 설정이지만, 실제 커플에 가까운 모습을 연출하여 보여주는 독특한 콘셉트라 하겠습니다. 보통 드라마나 영화는 설정도 가상이지만 스토리의 진행 자체도 작가가 창작한 가상의 이야기인데요. 그런데 이 독특한 예능 콘텐츠는 가상의 설정으로 시작하지만 등장하는 출연자들은 마치 다큐멘터리처럼 자신의 모습을 그대로 보여주는 형태로 촬영이 됩니다.

특히 아이돌 스타의 팬들이 궁금해하는 '사적인 자리에서 스타들의 모습'을 보여줌으로써 큰 인기를 얻었습니다. 연애를 할 경우 특정 아이돌 스타는 어떤 모습으로 어떻게 생활하는지를 볼 수 있다는 환상을 심어주어 성공한 프로그램이죠. 실제 결혼한 커플이 아닌 두 사람이 결혼했다고 설정을 하고 신혼부부처럼 카메라 앞에서 자연스럽게 행동한다는 것은 사실은 드라마에 가까운 콘텐츠라고 할 수 있습니다. 시청자들이 드라마 속 부부를 정말로 결혼한 사람들이라고 생각하지는 않지요. 드라마와 영화 속 커플들의 모습은 대본에 의한 연기이고 허구라는 것을 모두 알고 있습니다. 드라마의 설정으로 정해진 것을 연기자가 대본대로 연기하는 것을 알고 있지만 이야기에 몰입하게 되면 보는 동안은 콘텐츠 속에 빠져들게 되는 것이지요. 그런데 이 가상 설정 예능 콘텐츠를 즐기는 콘텐츠 소비자들의 모습은 조금 더 특이합니다. 분명 이 콘텐츠 안의 커플들이 가짜라는 것을 알지만 그 속에서 보이는 출연자들의 모습은 진짜라고 생각합니다. 카메라가 촬영을 하는데 어떻게 진짜 자신 모습을 있는 그대로 보여줄 수가 있겠습니까? 다큐 형식이지만 허구인 일종의 페이크 다큐인 셈입니다.

그럼에도 불구하고 시청자들은 〈우리 결혼했어요〉에 출연한 스타들의 연애 감정이나 생활하는 모습을 보며 그것을 그들의 진짜 모습이라고 믿고 즐깁니다. 이쯤 되면 사실은 스타들의 진짜 모습이 궁금한 것이 아닐지도 모른다는 생각이 들기도 합니다. 그저 내가 좋아하는 스타는 이런 모습이었으면 좋겠다는 희망 사항을 방송에서 보여주길 원하는 것일 수도 있겠습니다. 굳이 내가 원하는 것과 다른 현실을 알고 싶지는 않은 것이지요. 그리고 사실 한 사람에게도 너무나 많은 모습들이 있어 일관된 캐릭터로 설명이 가능하지도 않으니 말입니다. 특정 콘텐츠로 한 사람의 모든 것을 표현하는 것은 불가능한 일이고, 우리는 콘텐츠 제작자들이 취사선택한 일부분의 이야기만으로 콘텐츠 안에 등장하는 출연자나 캐릭터를 이해할 수밖에 없는 것이 사실입니다.

어쨌든 가상의 부부를 설정하여 현대인의 결혼 법칙을 유쾌하게 풀어보고자 했다는 취지의 이 관찰 버라이어티 예능 프로그램의 성공으로 가상 설정의 콘텐츠들이 많이 제작되게 되었습니다. JTBC 〈님과 함께 시즌2-최고의 사랑〉도 이런 류의 프로그램으로, '임현식·박원숙', '안문숙·김범수', '이상민·사유리', '김영철·송은이' 등이 가상 부부로 출연해서 큰 사랑을 받았습니다. 특히, '윤정수·김숙' 가상 부부가 크게 화제를 모았는데요. 이 프로그램은 〈우리 결혼했어요〉와 달리 신혼 부부가 아닌 중년의 부부 콘셉트로 프로그램을 확장했다고 봐야 하겠습니다. 이제는 아이돌을 좋아하는 10대, 20대들뿐 아니라 중년의 부부 이야기에 공감하는 30대, 40대들도 가상 설정의 콘텐츠를 자연스럽게 받아들이고 있습니다.

가상 설정 예능 콘텐츠들은 이후 여러 가지 이야기로 시도되었고 이제는 리얼리티 예능처럼 자연스럽게 받아들여지고 있습니다. 2020년에는 '유산슬'이라는 부캐를 스타로 만들며 '가상 캐릭터 예능 콘텐츠'가 새로운 트렌드로 등장했습니다. '유산슬'은 유재석의 트로트 가수로서의 활동명으로, 〈놀면 뭐하니?〉라는 프로그램의 음악 프로젝트인 '뽕포유'에 등장한 부 캐릭터입니다. '부 캐릭터'는 원래 온라인 게임에서 사용되던 용어로, 본래 사용하던 캐릭터 외에 새롭게 만든 캐릭터를 부르는 말입니다. 게임 안에서는 한 사람이 여러 개의 캐릭터를 만들 수 있기 때문에 이런 용어가 사용된 것이지요. 게임 속의 부 캐릭터는 원래 캐릭터인 '본 캐릭터'와 겉모습부터 성격이나 행동마저도 완전히 다르게 만들 수 있는데 이걸 현실 세계로 가져와 적용시킨 것입니다. 줄여서 '부캐'라고 부르는 것이 더 일반적으로 알려져 있습니다.

〈놀면 뭐하니?〉에서 부캐인 유산슬은 마치 유재석 본인과는 완전히 다른 인물인 것처럼 행동하고, 사람들은 그런 유재석의 모습이 가짜라는 것을 알고 있지만 자연스럽게 받아들이며 즐기는 모습을 보여주고 있습니다. 심지어 유산슬로서 〈아침마당〉에 게스트로 출연했을 때, 유재석과 유산슬의 관계에 대한 시청자의 질문에 "유재석은 본인 스스로 결정하지만, 유산슬은 누군가에 의해 조종당하는 존재"라고 답하며 둘을 완전히 다른 사람처럼 이야기하자, 모두가 자연스럽게 받아들이고 웃었습니다. 시청자들도 자연스럽게 이런 설정을 진짜처럼 받아들여주고, 유재석과 유산슬을 별개로 취급하여 유산슬을 소속사 빽으로 뜬 가수라고 믿고 즐기는 모습을 보이기도 했습니다.

'부캐'는 게임을 즐기는 세대의 특징

가상 설정의 배경과 가상 캐릭터가 새로운 콘텐츠의 흐름으로 자리 잡았고, 이제 콘텐츠 소비자들에게도 이런 콘텐츠를 즐기는 것이 자연스럽게 받아들여지는 시대가 되었습니다. 아마도 게임을 즐기는 세대들의 영향으로 콘텐츠 환경 자체가 서서히 변화해가는 것이라 보여집니다. 게임의 역사도 이제 꽤 오래되어 지금은 40대, 50대의 중장년 세대들도 게임을 즐기는 경우가 많습니다. 젊은 10대나 20대들에게는 게임이 TV 등의 영상 콘텐츠보다도 가깝고 흥미로운 콘텐츠인 세상이고, 4050세대들에게도 게임이 더 이상 낯선 콘텐츠는 아닌 시대입니다. 이렇게 게임이 일상적인 콘텐츠로 자리를 잡으면서 다른 형식의 콘텐츠에도 영향을 주고 있습니다.

2018년 방송된 〈쇼미더머니 777〉에서 등장하여 화제를 모은 래퍼 '마미손'의 경우가 영상 콘텐츠에서 부캐가 본격적으로 받아들여지게 된 초기 사례일 것입니다. 복면을 쓰고 랩을 하는 사람이 매드클라운이라는 유명 래퍼가 확실하지만 정작 본인은 매드클라운이 아니라고 주장하며, 매드클라운과는 색깔이 다른 음악 행보를 보였습니다. 이런 독특한 설정으로 큰 인기를 얻은 '마미손'의 사례는 가상 설정의 부캐를 편안하게 받아들이는 새로운 세대들의 특징을 잘 보여준다고 할 수 있습니다. TV 프로그램의 현실 상황을 게임처럼 받아들이고, 재미있다면 가상의 설정도 쉽게 인정을 하고 같이 즐기는 것이 신세대들의 놀이 문화인 것이죠.

인기 개그맨 김신영의 부캐 '둘째 이모 김다비'의 경우는 가상 캐릭터의 스토리가 조금 더 구체적으로 설정된 예입니다. 김신영의 이모이자 빠른 45년생인 트로트 가수이자 '비가 많이 오는 날에 태어난 사연 있는 둘째 이모'로 좌우명은 '인생은 한 번, 노래는 두 번'이며, 탤런트 정보석을 닮은 남편이 있는데, 이름은 '최봉석'이라고 합니다. 마치 실제로 현실 세계에 살고 있는 사람처럼 구체적으로 가상의 캐릭터를 설정하고 있습니다. '둘째 이모 김다비'라는 부캐로 발표한 '주라주라'라는 트로트 곡은 젊은 소비자들의 호응으로 큰 인기를 얻기도 했습니다.

유튜브나 인스타그램 등 인터넷 공간에서도 버츄얼 유튜버(Virtual Youtuber), 버츄얼 인플루언서 등 가상 캐릭터들의 활약이 두드러지고 있습니다. 특히 '릴 미켈라(lil miquela)'라는 이름의 인공지능 버츄얼 인플루언서는 300만 명이 넘는 팔로워를 가진 대표적인 인기 가상 캐릭터인데요. 패션 모델로 노래도 꾸준히 발표하고 있으며, 유튜브에 뮤직비디오도 계속해서 올리고 있습니다. 인기 스타인만큼 광고로 벌어들이는 금액이 무려 1년에 100억이 넘는다고 합니다.

이와 유사하게 국내에서도 '세아', '아뽀키' 등의 가상 캐릭터들이 열심히 활동 중이며, 젊은 층에게 상당한 인기를 얻고 있습니다.

가상 세계가 있고, 가상 세계 위의 가상 캐릭터 혹은 현실 세계 위의 가상 캐릭터들이 혼종되어 영상 콘텐츠로 만들어지는 사례는 최근의 가장 핫한 트렌드임에 틀림없습니다. 트렌드의 시작은 게임 캐릭터에서 비롯되었다고 봅니다. 게임의 어떤 요소들이 다시 영상 콘텐츠로 넘어올지 모르겠습니다. 이제 게임에 대한 이해 없이는 젊은 콘텐츠 소비자들을 정확하게 이해할 수 없다고 해야 할 정도입니다. 게임에서는 너무나 당연했던 부 캐릭터가 TV 콘텐츠에도 영향을 주었고, 모두가 자연스럽게 받아들이는 환경이 조성되었습니다. 가상 세계에 대한 이해가 콘텐츠 산업에서 중요한 요소로 떠오르고 있습니다.

20

결국엔, 콘텐츠

너무나 빠른 변화를 겪고 있는 콘텐츠 시장입니다. 소비자에게 사랑받는 콘텐츠를 만들기 위한 창작자들의 고민은 점점 깊어만 갑니다. 미래의 콘텐츠 기획자, 제작자를 꿈꾸는 사람들은 어떤 것들을 준비해야 할까요?

소비자에게 사랑받는 콘텐츠는 항상 변하기 마련입니다. 어떤 형식이나 어떤 스토리의 콘텐츠가 성공한다고 정확하게 예측할 수 없는 시대입니다. 그렇기에 콘텐츠 제작자(기획자)들에게 요구되는 자질 또한 어느 한 가지로 정의하기 어렵습니다. 언제나 살아있는 생물처럼 변화하는 것이 소비자의 기호이고, 이러한 변화를 자연스럽게 받아들이고 유연하게 대응하며 자신의 감각과 믿음을 바탕으로 최고의 콘텐츠를 만들어야 하는 것이 우리의 일입니다. 그럼에도 불구하고 선배 된 입장에서 콘텐츠 제작자(기획자)들에게 필요한 것 딱 한가지를 뽑자면 저는 '자신의 감각에 대한 믿음과 변화를 받아들이는 유연성, 이 둘 사이의 균형'이라고 생각합니다. 자신의 감을 믿고 창작 작업을 해야 하지만, 창작물을 소비할 대중들의 변화에 항상 귀를 기울여야 한다는 뜻입니다.

콘텐츠 창작자에게 자신의 창작물에 대한 확신은 중요합니다. 하지만 모든 것이 그렇듯이 자기 확신이 지나치면 변화에 저항하게 되고, 자신만의 방식을 고집하는 우를 범하게 됩니다. 과거 천하를 호령하던 레거시 미디어 사업자들이 점점 위축되는 모습을 보면, 이제는 누가 시장 선도자이고 누가 후발 주자인지 구분도 무색합니다. 지상파 사업자가 자신의 지위를 케이블 사업자에게 내준 것 같지만, 이제는 케이블 사업자도 인터넷 사업자에게 콘텐츠의 주도권을 내주고 있는 형국입니다. 유튜브, 네이버, 카카오 같은 IT 기업들은 사용자 정보를 확보하고 있다는 강점을 바탕으로 기존의 방송국이라고 불리던 모든 채널들을 무너뜨리고 있습니다. 이제는 채널

번호를 갖고 있는 게 중요한 게 아니라 소비자에게 맞춤형 콘텐츠를 연결해줄 수 있는 정보를 갖고 있느냐가 더 중요해졌습니다. 그리고 여기에 더해 콘텐츠를 유통할 수 있는 플랫폼을 소유하고 있느냐 그렇지 않느냐가 시장의 주도권으로 작용하고 있습니다. 대표 주자들이 바로 우리가 너무나도 잘 알고 있는 넷플릭스, 디즈니 플러스, 아마존 프라임 비디오 등의 해외 OTT 사업자들입니다.

이들과 대등하게 경쟁할 수 있는 방법은 '결국, 콘텐츠'뿐입니다. 플랫폼은 막강한 진입 장벽을 가지고 있습니다. 지금 우리가 후발주자로 이들을 쫓아간다는 것은 무척 어려운 일로 판단합니다. 그래서 저는 콘텐츠에 집중하는 전략이 더 맞다고 생각합니다. 다행스럽게도 우리가 만든 K콘텐츠는 세계적인 큰 인기를 얻고 있습니다. 점점 인지도를 쌓아가고 있으며, 해외 유수의 시장에서 대중성과 작품성을 인정받고 있습니다. 봉준호 감독과 영화 〈미나리〉의 주연 배우 윤여정 선생님의 아카데미상 수상 소식은 K콘텐츠의 탄탄한 뿌리에 바탕을 두고 피어난 꽃이라고 생각합니다. K콘텐츠는 이제 브랜드가 되었고, 그 자체로 거대 플랫폼과 대등한 위치를 차지하고 있습니다.

탄탄한 콘텐츠만이 플랫폼 사업자들과 대등하게 경기를 펼칠 수 있다는 것이 제가 생각하는 핵심입니다. 그래서 콘텐츠 제작자(기획자)에게 요구되는 자질이나 임무도 과거와 달라져야 합니다. 방송사를 예로 들면, 그동안은 방송 프로그램을 제작하는 사람으로 여겨지던 PD가 이제는 서비스 기획자로서의 자질을 함께 갖추어야 합니다. 예전에는 특정 소재와 주제를 영상화하는 일이 PD의 주요 역할이었지만, 이제는 자신이 제작한 영상의 홍보와 마케팅, 나아가 광고 판매까지도 PD가 역할을 해야 하는 시대가 되었습니다. 영상을 좋아할 수 있는 소비자가 많이 사용하는 플랫폼에 가장 효과적인 방식으로 콘텐츠를 유통시키는 능력이 콘텐츠를 만드는 역량만큼 커졌습니다.

제가 앞서 '자신의 감각에 대한 믿음과 변화를 받아들이는 유연성, 이 둘 사이의 균형'을 말씀드렸습니다. 콘텐츠를 만드는 힘이 '자신의 감각에 대한 믿음'이라면 내가 만든 콘텐츠를 유통할 수 있는 힘이 '변화를 받아들이는 유연성'이라고 생각합니다.

좀 더 구체적으로 어떤 공부를 하면 좋을지 하나씩 말씀

드리겠습니다.

첫째, 좋은 콘텐츠를 만드는 가장 큰 자산은 '사람에 대한 공부'입니다. 모든 콘텐츠는 사람의 이야기를 담고 있습니다. 심지어 사물이나 동물에 대한 콘텐츠도 결국은 사람의 눈을 통해 그려지는 이야기를 기반으로 하고 있습니다. 콘텐츠 제작자(기획자)는 사람에 대한 깊은 이해를 위해 꾸준히 사람을 탐구해야 합니다. 주변의 사람들을 잘 관찰하는 것은 기본이고, 사소한 것에서도 다수가 공감할 요소를 찾아내는 노력이 좋은 콘텐츠를 만듭니다. 〈나 혼자 산다〉 같은 프로그램은 1인 가구의 증가라는 우리 사회의 현상을 잘 관찰하여, 사람들이 공감하며 즐길 수 있는 형태의 콘텐츠로 만들어냈습니다. 〈박원숙의 같이 삽시다〉는 노년에 혼자가 된 사람들 중 새로운 가족의 형태로 함께 살아가는 모습을 잘 잡아내어 예능으로 콘텐츠화 한 것입니다. 두 프로그램 모두 사람에 대한 세심한 관찰에서 만들어졌습니다.

둘째, 미디어 기술 변화에 귀를 열고 있어야 합니다. 미디어는 특정한 메시지(콘텐츠)를 매체를 통해 전달하는 것입니다. 그런데 콘텐츠와 매체는 기술의 발전으로 인해 계속 변화하고 있습니다. 종이를 매체로 소설, 시, 수필 등 텍스트 콘텐츠가 주를 이루다 전파에 소리를 실어 나를 수 있게 되면서 오디오 콘텐츠가 사랑을 받았고, 영상 콘텐츠는 TV와 함께 세상에 엄청난 변화를 가져왔습니다. 그리고 인터넷의 등장과 스마트폰으로 대변되는 모바일 콘텐츠 시대의 도래로 우리는 새로운 혁신을 맞이하고 있습니다. 누누이 하는 얘기지만 변화하는 매체 기술을 제대로 이해하지 못하면 새로운 콘텐츠를 기획하지 못하는 세상이 되었습니다. 여기서 뒤쳐지면 소비자의 눈높이와는 괴리된 콘텐츠를 만들 수밖에 없습니다.

셋째, 자신의 콘텐츠로 소비자와 직접 소통해야 합니다. 1인 크리에이터는 콘텐츠 기획, 제작 그리고 유통까지 모든 과정을 혼자서 처리합니다. 그렇게 하는 가장 큰 이유는 사실 재원이 부족하기 때문이지만요. 그런 고독한 과정을 거치면서 1인 크리에이터는 콘텐츠 사업의 모든 과정에 대해 이해할 수 있게 됩니다. 그런데 대부분의 콘텐츠 제작 참여자들은 많은 사람들과 협업을 하는 것이 일반적입니다. 그 과정에서 합리적이고 효율적인 일 처리를 배우게 되지만, 자신의 업무 영역을 넘어서는 분야는 제대로 이해하기가 어렵겠지요. 방송사의 PD들은 제작 전 과정에 대해 책임을 지기 때문에 전체적인 상황을 이해하고 조율하지만, 본인이 모든 일을 직접 하는 것은 아니기 때문에 혼자 모든 일을 처리해야 하는 상황이 발생하면 속수무책이 될 수밖에 없습니다. 그래서 콘텐츠 제작자라면 스스로 완결할 수 있는 자신의 콘텐츠를 가지거나, 자신의 이름으로 시스템을 만들어서 운용할 줄 아는 힘을 가져야 한다고 생각합니다. 그게 곧 콘텐츠 제작자의 브랜드입니다. 콘텐츠 제작자의 브랜드가 플랫폼의 역할을 할 수 있는 수준으로 성장하면, 거대 플랫폼과 대등한 환경에서 창작 작업이 가능해집니다. 1인 크리에이터로서 이미 브랜드가 된 경우는 많습니다. 여기에 시스템을 만들고 사업화가 가능할 정도로 역량을 키운 것이 도티, 캐리, 나영석, 김태호 같은 사례입니다.

변화는 새로운 기회

이제 방송국 조직 시스템에서 콘텐츠를 만들던 시대에서 개인 혹은 개인이 브랜드가 된 조직으로 콘텐츠 산업 트렌드가 움직이고 있습니다. 자신의 창작 능력을 새로운 매체 환경에 맞춰 보여주고 있는 콘텐츠 제작자(기획자)들에게는 지금의 변화는 기회의 시간입니다. 적극적으로 자신만의 창작물을 생산하고, 소비자와 직접 소통하십시오. 개인 브랜드를 가지고 소비자와 소통하는 혁신적인 창작자들에게 미래의 콘텐츠 시장은 더욱 멋진 기회로 화답할 것입니다.

결국엔, 콘텐츠

: 어느 예능PD의 K콘텐츠 도전기

초판 1쇄 발행	2021년 6월 7일
지은이	고찬수
펴낸이	김옥정
만든이	이승현
디자인	스튜디오진진
펴낸곳	좋은습관연구소
주소	경기도 고양시 후곡로 60, 303-1005
출판신고	2019년 8월 21일 제 2019-000141
이메일	buildhabits@naver.com
ISBN	979-11-91636-01-7 (13300)

당신의 이야기, 당신의 비즈니스, 당신의 연구를 습관으로 정리해보세요.
좋은습관연구소에서는 '좋은 습관'을 가진 분들의 원고를 기다리고 있습니다.
메일로 문의해주세요.

네이버/페이스북/유튜브 검색창에 '좋은습관연구소'를 검색하세요.